JN361574

딸아 기록해 줄래

권홍지현

나의 부모님에게
이 책을 바칩니다

이 책의
실제 작가는
부모님입니다

딸은
그들이 남긴 유산을
기록했을 뿐입니다

차례

1. 어느 봄

2. 다시 봄

3. 어느덧 봄

약혼
67. 11. 19.

어느 봄

오월 생일날

어떤 이는 사랑 고백을 오월만큼이나 너를 생각한다는 말로 했다. 오월은 그렇게 가슴이 벅찰 정도로 아름답고 사랑스럽다. 엄마와 나는 그 계절에 전주로 여행을 갔다. 일주일 앞당겨 보내는 엄마의 생일 이벤트였다. 그러나 이렇게 마지막 생일이 될 줄은 꿈에도 몰랐다. 일주일 후 엄마는 심장이 아프다고 전화를 하셨고 다음 날 월요일에 큰 병원에 가기로 했는데 일요일 새벽에 119 구급차에 실려 가셨다. 엄마는 그렇게 오월 생일날 돌아가셨다.

"그래도 생일을 보내고 가셔서 얼마나 다행이니?" 고모의 말은 하나도 위로가 되지 않았다. 오히려 자식들의 마음을 더 칼로 도려내는 말이었다. 무엇이 다행이란 말인가. 생일 케이크를 먹어서 다행이라는 말인가. 불행 속에서도 기어이 다행이라는 단어를 써서 하는 위로는 결국 살아있는 나를 위한 위로이지 도저히 엄마에게 다행이라는 생각이 안 든다. 나는 지금 글을 쓰면서도 여전히 가슴이 쪼여온다. 또렷이 생생하게 들리는 그 말 때문에 명료하게 언어화하지 못하고 몇 시간 망설인다.

"그냥 네 엄마의 운명이셔, 누구의 탓이 아니야."라는 친구의 말도 도움이 되지 않는다. 그렇게 나는 돌이킬 수 없는, 황망한 엄마와 나의 운명 앞에 이름 모를 죄를 용서받기 위해 4년 동안 몸부림쳐야 했다. 엄마의 흔적을 찾아서, 나에게 남은 엄마의 무언가를 찾아야만 했다. 이렇게라도 안 하면 내가 미칠 것 같았다. 왜 이렇게 살았어야 했는지, 어떻게 살아야 하는지 모르겠어서, 나는 주변을 서성였고, 글을 썼다.

영아에게 No. 1

긴 一 時間의 흐름이 지난듯이. R.3 日이지만 너무 지루하고 괴로운 時間이구나.

영아는 무사히 그곳에 도착하여 지금은 또다시 근무에 열중하겠구나.

물론 철이도 영아가 항상 옆에서 지켜주는 덕분에 무사히 도착하여 서투러진 펜대를 잡고 다시금 근무하려고 이렇게 책상에 앉아 있단다.

음. 혹시 기압이라도 받았느냐고?

천만에 말씀. 단지 앞으로는 집에 보내주지 않겠다는군.

할머님이나 고모부에게도 무사하니 걱정하지 말라고 안부나 전해 줘.

서울을 떠나던날 세번이나 그곳으로 전화를 걸었는데 한번도 통하지 못하고 말았어.

꼭 한번 영아의 목소리를 다시 한번 들으려고 했었는데 정말 실망하고 말았다.

영아! 오늘은 수요일, 너도 지금쯤은 할 일없이 허전한 마음만을 가진채 지난 몇일을 생각하겠구나.

영아에게

긴 시간의 흐름이 지난듯이 2월 3일이지만 너무 지루하고 괴로운 시간이구나.
영아는 무사히 그곳에 도착하여 지금은 또다시 근무에 열중하겠구나. 물론 철이도 영아가 항상 옆에서 지켜주는 덕분에 무사히 도착하여 서투러진 펜대를 잡고 다시금 근무하려고 이렇게 책상에 앉아있단다.
음, 혹시 기압이라도 받았느냐고? 천만에 말씀. 단지 앞으로는 집에 보내주지 않겠다는군.
할머님이나 고모부에게도 무사하니 걱정하지 말라고 안부나 전해 줘.
서울을 떠나던 날 세 번이나 그곳으로 전화를 걸었는데 한 번도 통하지 못하고 말았어. 꼭 한 번 영아의 목소리를 다시 한번 들으려고 했었는데 정말 실망하고 말았다.
영아! 오늘은 수요일, 너도 지금쯤은 할 일 없이 허전한 마음만을 가진 채 지난 몇일을 생각하겠구나.

길 위의 말들

엄마는 전주 여행길에서 활짝 웃으며 당신의 인생은 성공한 인생이라고 말씀을 하셨다. “이 정도면 괜찮은 인생이야, 아쉽게 남편이 일찍 갔지만 자식들이 모두 결혼하고 아들, 딸 낳고 잘 사는 것, 이 정도면 만족해”라고 하셨다. 나는 많이 흐뭇했지만 당연한 행복 앞에 평범한 웃음을 지었다. 엄마와의 마지막 여행은 나에게 선물이었다. 소중하지만 아쉽고 슬픈 축복이다. 그 길 위의 말들은 나에게 그대로 남아있다. 그러나 나는 시간이 흐르면 그 말들을 잊을 것이다. 나는 지금 엄마를 대신해서 기록해야 한다. 이 글의 작가는 엄마와 아빠이다. 그들의 불멸의 언어는 우리의 유산이다. 사람들은 벌써 나에게 그만 놓아주고 지금을 행복하게 살라고 말한다. 그러나 잊지 않고 기억하면서 지금을 행복하게 살 수도 있다는 생각이 들었다.

〈삶의 격〉 책에서 죽는 순간에 사람들에게 인사를 못 하는 것은 존엄성을 떨어뜨리는 일이라는 구절을 읽었다. 이 문장을 읽기 전에도 비슷한 생각을 했다. 나는 엄마가 억울할 것 같다는 생각에 많이 미안하고 죽음을 인정할 수가 없었다. 엄마 대신 세상 사람들에게 인사를 남겨야겠다. 그렇게 엄마를 위로하고 싶다. 엄마 대신 여러 사람들의 추억을 떠올리며 작별 인사를 대신해 주어야지. 아픔, 오만함, 이기심으로 가득 찬 나를 용서받기 위해 글을 쓰는 것도 역시 나를 해방시키는 작업이 될 수 있을까.

"그대는 속세의 과업을 끝냈도다. 집으로 돌아왔도다. 품삯도 받았도다. 빛나는 청년과 처녀 모두 굴뚝 청소부처럼 돌아가리라" 영화 〈All is true〉 속의 시가 나의 마음을 위로한다.

지금쯤 엄마는 아빠를 만나 오순도순 이야기꽃을 피우실까? 청춘을 다 바친 아름다운 청년과 처녀는 그때 그 모습으로 재회했을까? 아빠가 보지 못한 세상 이야기는 밤새도록 해도 끝이 나지 않을 것이다. 엄마와 아빠가 받은 품삯은 무엇일까? 나의 얼굴을 지우는 캄캄한 어둠 속에 하늘의 별이 수줍게 빛나고 있다. 여전히 외롭고 슬픈 나의 방을 비추고 있다. 인생은 환희와 허무가 존재하는 우주이다.

책 〈삶의 격〉 - 저자 파스칼 메르시어

영화 〈All is true〉- 감독 케네스 브래너

英아! 보고싶어 그목소리 듣고 싶어 이렇게 불러봐도
역시 대답이 없구나.
너와 빠스를 타고 부일천까지 가던날 영아가 눈물을
흘릴때 나는 영아가 왜 눈물을 흘리고 있었는지 그
모습이 도무지 머리를 떠나지 않고 있구나.
英아! 그날 한말은 내가 헤어진다는 감상에 분별없이
한말이니 용서해줘. 단지 너와 나의 사이가 결혼 대상자의
사회적인 입장보다는 좀더 순수한 감정으로 사랑하고 싶었던것
뿐인것이야. 미안해, !
영아! 지금 나는 근무하겠다고 책상에 앉아 있지만
너의 모습이 도무지 머리에서 지워지지 않아 허전함과
번민과 지난날들을 생각하고만 있단다.
英아! 또 편지할께, 응! 너도 편지좀 하고..
그간 너무 일에 무리하지 말고 몸 건강히 그리고
그 아름다운 모습 고히 간직한채 잘 있기를 빈다.
우리가 이렇게 헤어진것이 다시 만날수 있는 길이
있다면 참고 그날을 기다리자꾸나.
서러움과 안타까움에서 다시금 더 큰 기쁨을 찾을수 있지
않겠어.

그럼 내내 안녕—.

영아, 보고 싶어, 그 목소리 듣고 싶어 이렇게 불러봐도 역시 대답이 없구나.
너와 버스를 타고 봉일천까지 가던 날 영아가 눈물을 흘릴 때 나는 영아가 왜 눈물을 흘리고 있었는지 그 모습이 도무지 머리를 떠나지 않고 있구나.
영아! 그 날 한 말은 내가 헤어진다는 감상에 분별없이 한 말이니 용서해줘. 단지 너와 나의 사이가 결혼대상자의 사회적인 입장보다는 좀 더 순수한 감정으로 사랑하고 싶었던 것뿐이다. 미안해.
영아! 지금 나는 근무하겠다고 책상에 앉아 있지만 너의 모습이 도무지 머리에서 지워지지 않아 허전함과 번민과 지난날들을 생각하고만 있단다.
영아! 또 편지할게, 응! 너도 편지 좀 하고.
그간 너무 일에 무리하지 말고 몸 건강히 그리고 그 아름다운 모습 고히 간직한 채 잘 있기를 빈다.
우리가 이렇게 헤어진 것이 다시 만날 수 있는 길이 있다면 참고 그날을 기다리자구나.
서러움과 안타까움에서 다시금 더 큰 기쁨을 찾을 수 있지 않겠어.
그럼 내내 안녕.

하루만 되돌릴 수 있다면

'하루만 되돌릴 수 있다면' 이 생각을 하고 또 하고 또 했다. 단 하루만 되돌릴 수만 있다면 나는 바로 병원에 갈 것이다. 월요일까지 기다리지 않고 병원으로 바로 달려갈 것이다. 하던 일을 그만두고 엄마를 간호할 것이다. 그동안 못한 속마음을 털어놓고 얘기할 것이다. 그보다 제일 먼저 엄마와 눈을 마주칠 것이다.

'만약 내가 첫째로 태어났다면' 생각하고 또 생각했다. 모두 내 말에 귀 기울였을 것이다. 바보처럼 서로의 진심을 몰라주는 행동을 하지 않았을 것이다. 우리는 좀 더 소통하고 지냈을 것이다.

가끔 꿈에 엄마가 나타나신다. 아프다고 전화하신다. 병원에 가자니까 나중에 간다고 하신다. 나는 소리 내어 엉엉 운다. 또 그럴 거냐고. 저번에 사람 맘을 아프게 해 놓고 이번에도 큰일 나면 어쩔 거냐고 소리치다 잠에서 깼다. 꿈속에서 엄마는 우리의 평범한 일상으로 오셨다. 그러나 나는 엄마를 다정하게 바라보지 않고 소리만 질렀다. 엄마는 혼자 휘적휘적 가버리셨다.

선 영 에 게

진 종일 보슬 비가 소리없이 나리며 부드럽게 낯을 간지럽히는 봄 하루.

우울해진 마음 달랠길없어 멍청히 창밖을 내다보노라니 한 길에 여학생들이 한가롭게 지나가는구나.

덕분에 떨어지지 않는 발길을 정처없이 돌며 부대로 무사히 돌아왔지만 왠지 마음은 이번은 무엇인가· 잘못만을 본것같이 마음이 무겁구나 .

그립던 너의 밝은 얼굴을 보았고 듣고 싶던 너의 음성도 들었었지만 어쩐지 가지않았어야 했던 길인 것만 같구나.

이제는 모든 바쁜 일도 끝나고 오늘은 종일 낙서만하며 앉아 있으니 내 마음 머랄길없이 그리움에 사로치지만 도시 마음이 풀리지 않는구나.

새 싹도 힘차게 자라는 새봄, 이슬을 맞아 그 모습 더욱 아름다운데 흐린 날씨가 도시 싫어지는구나.

영아의 생활에 요즈음 되찾은 즐거움이 있을줄 알면서 외로운 마음 잠시 펜을 들었지만 간단히 줄인다.

그럼 내내 몸 건강히 안녕.......

1966. 3. 22.

철모 부미.

선영에게

진종일 보슬비가 소리없이 나리며 부드럽게 낯을 간지럽히는 봄 하루. 우울해진 마음 달랠길 없어 창밖을 내다보노라니 한 길에 여학생들이 한가롭게 지나가는구나.
덕분에 떨어지지 않는 발길을 정처없이 돌며 부대로 무사히 돌아왔지만 왠지 이번은 무엇인가 잘못만을 본 것 같이 마음이 무겁구나. 그립던 너의 밝은 얼굴을 보았고 듣고 싶던 너의 음성도 들었었지만 어쩐지 가지 않았어야 했던 길인 것만 같구나.
이제는 모든 바쁜 일도 끝나고 오늘은 종일 낙서만하며 앉아 있으니 내 마음 더할 길 없이 그리움에 사무치지만 도시 마음이 열리지 않는구나.
새싹도 힘차게 자라는 새봄, 이슬을 맞아 그 모습 더욱 아름다운데 흐린 날씨가 도시 싫어지는구나.
영아의 생활에 요즈음 되찾은 즐거움이 있음을 알면서 외로운 마음 잠시 펜을 들었지만 간단히 줄인다.
그럼 내내 몸 건강히 안녕.

인사도 없이

또 꿈을 꾸었다. 꿈에서 동생은 엄마와 같이 있다. 동생은 엄마를 모실 수 없는 상황이다. 나는 방이 비어 있으니 우리 집으로 가자고 한다. 아직 남편과 상의하지 않았지만 설득하면 된다고 하고 기분 좋게 마무리 짓는다. 이제야 마음이 편하다. 눈을 뜨니 꿈이었다. 이번 꿈은 신기하게도 눈을 마주치고 건성으로 얘기하지 않았다. 그러나 꿈이었다. 진짜 삶이 아니었다. 엄마가 없는, 아무 소용없는 꿈이었다. 나는 또 엄마의 부재를 깨닫고 소리 내어 아이처럼 울었다.

엄마와의 끈이 뚝 끊어져 버렸다. 아무렇지도 않고 특별할 것도 없는 일상에서 내일 통화하면 말할 수 있었던 엄마가 인사도 없이 사라지셨다. 내일 만나서 얘기하자는 엄마가 갑자기 말도 없이 손도 잡지 않고 사라지셨다. 아무 준비도 없이 정리도 하지 않고 그대로 떠나셨다. 하고 싶은 말이 많고, 하고 싶은 일도 많으실 건데 그냥 가셨다. "나 태어났어요"라고 인사하듯이 "나 이제 갑니다''라는 인사를 해야 하지 않나. 왜 우리는 죽음에 대한 준비를 하지 않고 사는 것일까. 아버지의 부재를 경험으로 우리는 늘 이별을 생각하며 현재에 충실했어야 했는데, 엄마는 아빠와 달리 영원히 내 곁에 머무는 존재라고 생각했다. 나의 어리석은 욕심이었을까. 보고 싶지 않은 무책임이었을까. 이렇게 아무 준비 없이 닥친 상황을 어떻게 이해하고 받아들여야 하나. 엄마의 목소리와 몸짓은 내게 이렇게 남아있는데, 사라지지 않았는데, 우리의 인연은 달같이, 물결같이 지나갔다.

새침해진 女人에게 No. 1

기대와 설레는 희열로 너의 곁으로 달려가던 꼭 같은 길을, 침울해진 마음으로 차창밖을 지나가는 사물들 또 오고가는 소형차들을 무표정하게 바라보면서 돌아오던 길이 왠지 뇌리에서 맴돌며 사라지지를 않는구나.

어제 오늘 봄솔비는 계속 소리없이 대지를 적시며 만물을 청초한 새빛으로 물들게하는데 난, 왠지 견디기 어려운 허전함에 창밖으로 저-길을 바라보며 누군가는 기약없이 기다리는데 마침 너의 종이 한장을 준비없던 빈손으로 받았단다.

꽃아! 잘 있었어? 날은 좀 어때.

왜 그렇게 시무룩하게만 앉아 있지! 응.

이젠 편지도 보기 싫어 졌지!

꽃아! 화 났어. 그런걸 가지고 그러게 보면, 꼭 바보같애.

그 날은 미안해. 이렇게 두손모아 사과하잖아.

보이지 않느니 모르겠다구. ?- 그럼 다음에 만나면 큰 절하며 다시 사과할께. 정말 미안했어—..

우리 어머린 눈이 어떻다든, 집에 돌아가겠지!

새침해진 여인에게

기대와 넘치는 희열로 너의 곁으로 달려가던 꼭 같은 길을 침울해진 마음으로 차창 밖을 지나가는 사물을 또 오고가는 소풍객들을 무표정하게 바라보면서 돌아오던 길이 왠지 뇌리에서 맴돌며 사라지지를 않는구나.
어제 오늘 보슬비는 계속 소리없이 대지를 적시며 만물을 청초한 새빛으로 물들게 하는데 난 왠지 견디기 어려운 허전함에 창밖으로 저 길을 바라보며 누군가를 기약없이 기다리는데 마침 너의 종이 두 장을 준비없던 맨 손으로 받았단다.
영아! 잘 있었어? 몸은 좀 어때.
왜 그렇게 시무룩하게만 앉아 있지? 응,이젠 편지도 보기 싫어졌지?
영아! 화났어 그런 일 가지고 그런 거 보면 꼭 바보 같애. 그 날은 미안해. 이렇게 두손 모아 사과하잖아. 보이지 않으니 모르겠다구? 그럼 다음에 만나면 큰 절하며 다시 사과할게 . 정말 미안했어.
우리 어머닌 몸이 어떡다든. 집에 돌아가셨지?

등이 시리다

나는 엄마가 돌아가신 이후 나의 신체와 영혼의 일부분이 사라지는 느낌을 받았다. 한 여름의 뜨거운 열기에도 냉기를 느꼈다. 나의 신체의 한 부분 중 특히 등이 움푹 파이고 등줄기를 타고 흐르는 한기는 몸을 오싹하게 만들었다. 상실감으로 시도 때도 없이 나오는 뜨거운 눈물과 한숨이 반대로 등을 차갑게 움츠러 들게 했다. 무언가를 업어 볼까, 햇볕을 쬐어 볼까, 조끼를 입어 볼까, 한기를 피하려고 애썼지만 뼈마다 마디 느껴지는 차가운 연기는 나를 지탱하는 가장 중요한 부분이 사라졌음을 알게 했다. 다시 몸이 오들오들 떨리고 꿈속에서 엄마를 만나 서로 안기 전까지는 사라지지 않았다.

나와 늘 함께 하던 부모님은 우주로 날아가 어두운 밤에 별로만 반짝일 뿐 낮에 따스한 햇살로 나의 등을 따뜻하게 해주지 않았다. 계속 되는 등의 한기는 슬픔에서 분노로, 다시 쓸쓸함을 느끼게 했다. 나는 등껍질이 없는 거북이 되어 연약한 몸을 민낯 그대로 드러낸 채 불안한 상태에 놓여 있었다.

「보슬비 오는 거리에 추억은 젖어들어
상처난 내 사랑은 눈물뿐일세.
아 - 타버린 연기처럼 정처없이 떠나버린
그 사람은 가버린 마음 돌아올 기약없네」

목이 타도록 이노래가 구성지게 울려 퍼지는 검밤. 한가히 앉아 보초를 스면서 펜자 나의 진심을 적어본다.

이 편지를 부치려고 잠깐 시내에 나갔다가 과장님에게 붙들려 편지도 못 부치고 이렇게 술만 잔뜩 먹게 되었구나.

앞에는 나의 심정을 억누르면서 이상하게 써진 내용이지만 역시 나는 너만을 필요로 하고 또 너만을 사랑하고 있다. 조용해진 분위기에 창밖으로 별빛을 바라보고 있노라면 금시에 난 너의 그 그리운 모습에 미칠듯이 보고픈 마음은 가슴아프게 너만을 부르며 흐느끼곤 한다.

英아.! 너는 이밤 두눈을 감고 자고있을 테지만 난 너에대한 추억과 환상으로 도저히 눈을 감을수가 없구나.

고독을 채울길 없어 잠못이루는 이 밤. 무수한 대화가 너에게

"보슬비 오는 거리에 추억은 젖어들어 상처난 내 사랑은 눈물뿐일세. 아, 타버린 연기처럼 정처없이 떠나버린 그 사람은 가버린 마음 돌아올 기약없네."
목이 타도록 이 노래가 구성지게 울려 퍼지는 봄 밤, 한가히 앉아 보초를 서면서 몇 자 나의 진심을 적어본다. 이 편지를 부치려고 잠깐 시내에 나갔다가 과장님에게 붙들려 편지도 못 부치고 이렇게 술만 잔뜩 먹게 되었구나. 앞에는 나의 심정을 억누르면서 이상하게 써진 내용이지만 역시 나는 너만을 필요로 하고 또 너만을 사랑하고 싶다. 조용해진 분위기에 창 밖으로 별빛을 바라보고 있노라면 금시에 난 너의 그 그리운 모습에 미칠 듯이 보고픈 마음을 가슴 아프게 너만을 부르며 흐느끼곤 한다.
영아! 너는 이 밤 두 눈을 감고 자고 있을 테지만 난 너에 대한 추억과 환상으로 도저히 눈을 감을 수가 없구나.
고독을 채울 길 없어 잠 못 이루는 이 밤, 무수한 대화가 너에게 하고 싶어도 간단히 줄인다.
부디 안녕.

고통

나는 대체로 고통이 찾아오면 회피한다. 잠시 도망가거나 영원히 숨기도 한다. 생각을 하지 않으려고 애쓴다. 나는 아주 바쁘게 살았다. 나는 도망치고 있었다. 나의 텅 빈 허전한 마음을 보호하겠다고 밖으로 돌아다녔다.

"산 사람은 살아야지" 말이 제일 듣기 싫은 소리였다. 위로도 아닌 이기심으로 가득 찬 쉬운 말이다. 왜 산 자는 살아야 하나. 어떻게 살라는 말은 없고 그냥 살라고 하나, 죽은 자를 잊으라는 서운한 말로 들렸다. 어디 가서 소리를 지르고 싶은 마음이 문득문득 생기면 미칠 것 같았다. 답답한 마음은 누구를 공격하고 싶기도 했다.

펜으로 나를 공격했다. 무심한 딸인 나를 주인공으로 소설을 쓰기도 했다. 그러다 갑자기 터져 나오는 눈물을 멈출 수가 없었다.

목구멍 속으로 깊이 밀어낸 고통은 밥을 삼킬 틈을 주지 않았고 몸 속에 가득 찬 아픔은 잠을 이루지 못하게 하였다. 모든 위로의 말은 눈물을 그치게 하기에는 역부족이었다. 그 시간 속으로 가는 일 외에는 만날 수 없는 고통의 시간을 통과하기가 버거웠다. 아무도 사랑할 수 없는 시간들이 흘렀다.

모든 그리움과 갈망이 어떠한 계기로 인하여 오해를 하고
쌓은 그 상아탑이 무너져 간다면 너무나 가슴 아픈 일이기에
난 지금 조금씩 나 自信을 숨을 죽이며 가라 앉히고 있다.
時間이 흐르고 날과 달이 바뀌면서 너와 나의 그리움과
사랑이 깊어 가는 것은 서로가 이해하고 또 아끼기 때문에
이루어 나가는 것이므로 너와 나는 도무지 어떤 관심 없는
일에 신경을 세울 필요도 없고 그리하여 서로 용서 하고 화해하고
할 필요도 없는 것이다.
단지 우리가 순수하게, 누구에게도 상관없이 우리들의 마음을
키워 나간다면 우리는 더 필요로하는 것도 부러운 것도 없다.
누가 뭐라 그래도 좋다. 그리고 누구든지 너를 행복하고 즐겁게
만들어 주어도 좋다. 나는 너에게 주는 사랑이 식어가지
않는 순간까지 ~~어떠한~~ 아무 것도 필요치 않고 그것으로 나는 만족
한 것이다. 사람과 사회는 다른지도 모른다. 어쩌면 그렇지도 않다.
그래도 나는 아직 사회를 알기를 원하지 않는다. 아는 순간 우리의
순수한 감정은 사회라는 물결에 휩쓸려야 하기 때문이다.
보고 싶은 英아 난 지금 모든 감정을 잠시 묻어두고 이렇게
부대에서 토요일과 일요일을 보내며 몸과 마음을 잠시

모든 그리움과 갈망이 어떠한 계기로 인하여 오해를 하고 또는 그 상아탑이 무너져 간다면 너무나 가슴 아픈 일이기에 난 지금 조금씩 나 자신을 숨을 죽이며 가라앉히고 있다. 시간이 흐르고 날과 달이 바뀌면서 너와 나의 그리움과 사랑이 익어가는 것을 서로가 이해하고 또 아끼기 때문에 이뤄 나가는 것이므로 너와 나는 도무지 어떤 관심 없는 일에 신경을 세울 필요도 없고 그리하여 서로 용서하고 화내고 할 필요도 없는 것이야. 단지 우리가 순수하게 누구에게도 상관없이 우리들의 마음을 키워나간다면 우리는 더 필요로 하는 것도 부러운 것도 없다. 누가 뭐라 그래도 좋다 그리고 누구든지 너를 행복하고 즐겁게 만들어 주어도 좋다. 나는 너에게 주는 사랑이 식어가지 않는 순간까지 아무 것도 필요치 않고 그것으로 나는 만족한 것이다. 사랑과 사회는 다른지도 모른다. 어쩌면 그렇지도 않다. 그래도 나는 아직 사회를 알기를 원하지 않는다. 아는 순간 우리의 순수한 감정은 사회라는 물결에 휩쓸려야 하기 때문이다. 보고픈 영아, 난 지금 모든 감정을 잠시 억누르고 이렇게 부대에서 토요일과 일요일을 보내며 몸과 마음을 잠시 쉬려고 하고 있다. 그럼 안녕

연꽃을 보며

아들과 연꽃을 보러 갔다. 쟁반만 한 커다란 초록 잎들이 서로의 온기를 느끼며 서로의 옆구리를 겹치고 옹기종기 물 위에 떠 있고, 삐죽 키가 크고 성질이 급한 줄기가 물 위로 나와 햇빛을 혼자 독차지하려 한다. 또로록 말린 잎은 물을 담는 우물 같은 옹기다. 같은 계절 동안 하나의 햇살은 골고루 사랑을 전했지만 연한 색의 초록, 진한 색의 연두, 미처 자라지 못한 노랑, 벌써 생명을 다한 암흑의 갈색, 다르게 받아들였다. 드러난 색깔은 그들의 상처와 영광을 선명하게 드러낸다. 살랑살랑 불어오는 바람에 키가 큰 잎은 파르르 작은 진동을 보낸다. 육중한 고운 빛깔의 잎이 떠는 모습은 어째 어울리지 않는다. 가만히 진동을 느낀 물방울이 쪼르르 떨어진다. 이제야 모든 사랑을 받고 있는 연꽃의 자태가

오색 무지개에 반사되어 눈에 띈다. 자신의 모든 것을 보여주며 유혹하는 향기에 스스로 취한다. 공기 중에 떠 있는 나의 추억이 내려온다. 나도 물방울이 또르르 떨어진다. 드러난 꽃잎의 슬픈 빛깔은 작년과 다른 무늬이다.

엄마와 함께 본 연꽃은 우리 두 사람의 마음을 충분히 적셨고 우리는 짙은 녹색에 물들어 배가 불렀다. 향수를 뿌리지 않아도 시간의 멋을 부린 모녀는 서로를 바라보고 웃었다. "너처럼 예쁘다." "엄마처럼 예쁘다." 이렇게 최소 열 번은 반복이 될 줄 알았다. 눈이 부시게 화려한 행렬의 연꽃 모습에 사진기의 셔터 소리가 연달아 들리고 탄성이 이어진다. 무리 속의 나는 또 물방울이 흐른다. 왜 우는지 아들은 묻는다. 오월 같은 할머니와 데이트한 곳이라 대답하고 다시 공기 속에 떠 있던 기억의 입김에 닿는다. 아름다운 꽃을 보고 좋아하던 그 마음은 그대로 헉헉거린다. 아들도 물방울이 맺히지만 눈을 씀벅거리며 다시 집어넣는다. 아들은 또 오자는 말을 건네고 나는 오늘만은 목 놓아 울겠다고 양해를 구한다.

英이 에게.　　　　　　　　　　No. 1.

지루하도록 몇일간 비오고 쌀쌀한 날이 계속되더니 오늘은 마침 토요일이라 그런지 매우 따스하고 개인 날씨로구나.

모두들 외출 나가버리고 텅-빈 사무실에 나혼자 앉아 있으니 따분하고 외로운 마음이 웬지 어떤 갈망에 차고 있는차에 너의 편지를 받아보았단다..

인사장교가 너도 서울에 가라면서 증명서까지 해주었는데도 도무지 서울에 가고 싶지도 않고 또 오른발을 다쳐 제대로 걷지도 못하는 형편이고 해서 다 포기하고 이렇게 쓸쓸히 남아 있단다.

英이는 어쩌면 내가 전에 거기에 갔을때를 무척 오해하는 모양인데, 나는 절대로 화를 낸것은 아니야.

물론 너의 얘기를 들어서 그랬는지도 모르지만, 그때 나에게는 서울의 일로 무척 걱정하고 있던 것이기에 모두가 좀 마음이 어수선 했을뿐이야.

그래도 나는 아직도 모든 일에 걱정을 하고 있어.

응. 무슨 일이냐구. 너에게는 시시한 얘기니깐 그만 두기로 하자!

영아에게

지루하도록 몇일간 비오고 싸늘한 날이 계속되더니 오늘은 마침 토요일이라 그런지 매우 따스하고 개인 날씨로구나.
모두들 외출 나가버리고 텅 빈 사무실에 나혼자 앉아 있으니 따분하고 외로운 마음이 몹시 어떤 갈망에 차고 있던 차에 너의 편지를 받아보았단다.
인사장교가 너도 서울에 가라면서 증명서까지 해주었는데도 도무지 서울에 가고 싶지도 않고 또 오른발을 다쳐 제대로 걷지도 못하는 형편이고 해서 다 포기하고 이렇게 쓸쓸히 남아있단다.
영아는 어쩌면 내가 전에 거기에 갔을 때를 무척 오해하는 모양인데 나는 절대로 화를 낸 것은 아니야.
물론 너의 얘기를 들어서 그랬는지도 모르지만 그때 나에게는 서울의 일로 무척 걱정하고 있던 것이기에 모두가 좀 마음이 어수선했을 뿐이다.
그래도 나는 아직도 모든 일에 걱정을 하고 있어.
음, 무슨 일이냐구, 너에게는 시시한 얘기니깐 그만 두기로 하자.

딸이 안아주었다

나는 결혼하고 다음 해 바로 아들을 낳았고 육아만 담당했다. 잠깐 아르바이트로 영어과외 몇 번 했을 뿐 거의 15년 동안 전업주부로 지냈다. 큰 아이가 고등학생이 되면 일을 하겠다는 말을 실천하고 조금씩 일을 넓혀갔다. 사회생활을 오랫동안 안 하다 보면 무언가를 하기가 참 두렵고 자신이 없어진다. 또 마음에 드는 일도 없다. 경력단절은 큰 벽이다. 그러니 일은 아주 적거나 불규칙했다. 그러다 3년 정도 꾸준히 일을 하면서 돈이 조금 모아졌다.

엄마는 아주 검소하셨다. 마지막 여행도 가자고 조르고 협박까지 하면서 가게 되었다. 엄마는 그저 내가 어렵게 번 돈을 쓰고 싶지 않다고 하셨다. 전주에서도 아이들에게 비싼 음식을 시키지 말라고 혼내고 겨우 2박 3일 동안의 여행인데 먹을 것도 챙겨 오셨다. 한복을 대여해서 입고 같이 사진 찍자고 해도 돈 아깝다고 안 찍으셨다. 나는 그것이 너무나 마음에 걸렸나 보다. 이제야 내가 번 돈으로 엄마에게 작은 선물을 할 수 있게 되었는데 옛말처럼 부모는 기다려주지 않았다. 꿈에 엄마에게 통장에 있는 돈을 모두 보냈다. 하고 싶은 거 다 하라고 했다. 그러자 엄마는 남대문도 가고 친구들 만나고 이것저것 하고 싶은 일을 공책에 적으셨다. 나는 또 아침에 잠에서 깨어 울고 말았다. 오늘은 어린 딸이 안아주었다.

No. 1.

내 사랑 꽃아에게

젊음이 약동하는 계절의 첫 휴일이라고 쫄병들까지도 모두 시내에 나가버리고 벽에 걸린 시계만이 째각 째각 신중하게 울려 마음만을 혼돈시키는 조용한 분위기의 휴일의 오후로구나.

보고 싶어 미칠것만 같은 내마음은 지금도 너에게로 달려가건만 어쩐지 서울로 가는 길이 도시 내키지 않아 이렇게 앉아 붓을 들고 있자니 난 정말 외롭기만 하구나.

생명이 움트고 젊음이 힘차게 샘솟는 계절을 9월과 함께 내가 가장 좋아하는 계절이건만 왠지 나자신은 멀리 떨어져 버린 방랑아 처럼 마음이 무척 안타깝고 외롭구나.

너의 편지와 함께 내가 몇달을 두고 찾아 헤매던 친구 (그 친구와는 비길것 내것이 없을 정도)의 편지와 함께 오랬만에 오지 않았겠어.

자, 어떤것부터 뜯을까? 난 잠시 망서렸다.

내 사랑 영아에게

젊음이 약동하는 4월의 첫 휴일이라고 쫄병들까지도 모두 시내에 나가버리고 벽에 걸린 시계만이 째각째각 신중하게 울려 마음만을 혼돈시키는 조용한 분위기의 토요일 오후로구나.
보고 싶어 미칠것만 같은 내 마음은 지금도 너에게로 달려가건만 어쩐지 서울로 가는 길이 도시 내키지 않아 이렇게 앉아 붓을 들고 있자니 난 정말 외롭기만 하구나.
생명이 움트고 젊음이 힘차게 샘솟는 4월을 9월과 함께 내가 가장 좋아하는 계절이건만 왠지 나 자신은 멀리 떨어져 버린 방랑아처럼 마음이 무척 안타깝고 괴롭구나.
너의 편지와 함께 내가 몇 달을 두고 찾아 헤매던 친구 (그 친구와는 너의 것 내것이 없을 정도)의 편지와 함께 오랜만에 오지 않았겠어.
자, 어떤 것부터 뜯을까? 난 잠시 망설였다.

다시 봄

그리운 빈자리

〈산 사람은 살지〉 책을 읽는 도중 생각나는 사람은 여러 명이었다. 나의 부모님 이야기 같았다. 책 속의 어머니처럼 엄마도 손이 큰 편이셨다. 엄마는 맏며느리다웠다. 푸짐하게 베풀어야 자식들이 잘 된다고 엄마도 어릴 적부터 배웠나 보다. 할머니, 삼촌, 작은 아빠, 고모네 무려 18명이 명절마다, 제사마다 모였다. 그리고 열심히 조상들에게 비셨다. 어릴 적 나는 잔치가 열리는 것 같아 엄마의 고생은 전혀 모르고 달력에 언제 제사인지 표시도 하며 기다렸다. 그날은 나를 예뻐하는 삼촌들도 보고 용돈도 받고 사촌들이랑 밤늦게까지 놀고 동그랑땡에 식혜도 먹는 날이니까.

그러나 아버지가 돌아가시자 이게 다 무슨 소용이냐, 조상은 있기는 한 것이냐 한탄을 하시며 엄마는 제사 지내기를 무엇보다도 끔찍이 싫어하셨다. 한 번도 뵌 적도 없는 시할아버지, 시할머니 제사까지 정성껏 지냈는데 그분들이 너무나 일찍 아버지를 데리고 가셔서 아마도 배신 당한 것 같은 기분이셨나 보다. 작은 아빠랑 제사 일로 여러 번 싸웠다. 오랜만에 부산에 사는 나의 집에 오셔서 여유로운 시간을 보내고 있는데 제사를 지내야 하니까 올라오라는 전화를 받고 엄마는 화를 내셨다. 이제부터 당신은 제사를 안 지낼 거니까 아들들이 제사를 가져가라고 소리를 지르셨다. 그러나 엄마는 시어머니 그늘에서 벗어날 정도로 담대하지 않으셨다. 의가 상하면 며느리 탓을 하는 시집 식구들이 밉지만 자식들을 봐서 또 참으셨다. 아이고 내 팔자야 하면서 결국 서울로 올라가셨다.

어느 날 큰 깨달음을 얻은 듯 말씀하셨다. 너무나 답답해서 점을 보러 갔는데 엄마 이름이 아빠에게 평생 봉사하는 이름이라는 것이란다. 이름이 문제라며 당장 개명하고 싶다고 말씀하셨다. 엄마는 장남인 아버지를 만

난 것이 원망스럽기도 하지만 그래도 아빠가 살아계실 때는 참을 수 있는 이유가 분명 있었는데 버팀목이 사라지자 늘 아슬아슬한 줄타기를 타셨다. 그저 제사 지내기 싫어서 그런 것이 아닐 거라고 짐작은 했지만 혼자 남은 엄마는 얼마나 허망하고 또 허망했을까. 그때는 결혼하기 전이어서 상상을 할 수도 없었지만 혼자 자식들을 책임져야 한다는 중압감과 혼자라는 외로움, 누구도 대신할 수 없는 남편의 빈 자리는 상당했을 거라 생각이 든다. 그런 엄마에게 따뜻한 말보다는 며느리 역할을 강요한 친척들이 밉다. 그리고 외로웠을 엄마를 많이 이해해주지 못한 나도 밉다.

엄마와의 마지막 여행길에 아빠가 많이 그립다는 말씀을 하셨다. 아빠랑 여행 갔던 일, 아빠가 노래를 가르쳐준 일 등 사소한 에피소드를 이야기하며 남편과 사이좋게, 재미나게 지내라는 말씀을 하셨다. 아무도 남편 대신할 사람은 없다며 잘 지내라는 유언의 말씀을 남기신 것이다. 목이 메었다. 아빠에 대한 그리운 마음이 가슴속으로 파고들었다. 엄마의 슬픔은 여전히 커 보였다.

"엄마, 벌써 우리 아빠를 못 본 지 22년이 흘렀네. 그동안 남편 없이 어떻게 살았어? 보고 싶은 마음 어떻게 참았어? 우리 자식들 모두 아빠의 빈자리를 채워주지 못했지? 진짜 미안해" 말하려다 목이 메어 아무 말 못 하고 눈물을 훔치며 운전만 했다.

책 〈산 사람은 살지〉- 저자 김종광

왜 그런 편지를 쓰는거야 ? 정말 싫었어 !
늘은 때가 그날은 마음이 언짢아서 좀 지나쳤지만 그러나
난 ○ 때문에 그랬던건 절대 아니야 .
그런 물질적인 환경은 ○ 때문에 우리가 이런다면 너무
경솔하고 뭔가 약한것을 보이는 것뿐이 안돼 .
너도 그랬고 나도 그랬지만 우린 왜 서로 자존심만 살려
마음에 없는 말과 행동만을 하게 될까 ?
난 그날 단 몇십분이지만 무척 너를 기다렸는데 넌 나중에
나타나서 주려고 그러니 내가 그것을 받을것 같애 .
넌 왜 그랬고 . 난 또 왜 그랬을까 ?
자 그런 잊어버리고 그 전날 산보하던 일과 그네타면서 웃던
일만 생각하자 . 응 . 웃으며 고개를 끄덕여봐 . 그 예쁜 얼굴로 。

이제 사랑의 달 4월도 며칠 남지 않았는데 뭔가 이루지 못한
아쉬움 뿐이구나。
싹트고 . 꽃피며 . 아지랑이 아른거리는 4월에 포근한 햇살에 안겨
어깨를 나란히 걸어 보지도 못했고 , 즐겁게 구경도 못하고 , 다방에
같이 앉아 음악을 들으며 즐거운 얘기도 못하고 그 날들을 허무하게
보내버리고 말았구나 。

왜 그런 편지를 쓰는거야? 정말 싫었어!
물론 내가 그날은 마음이 언짢아서 좀 지나쳤지만 그러나 나 돈 때문에 그랬던 건 절대 아니야.
그런 물질적인 하찮은 돈 때문에 우리가 이런다면 너무 경솔하고 뭔가 약한 것을 보이는 것뿐이 안돼.
너도 그랬고 나도 그랬지만 우린 왜 서로 자존심만 살려 마음에 없는 말과 행동만을 하게 될까?
난 그날 단 몇십분이지만 무척 너를 기다렸는데 넌 나중에 나타나서 준다고 그러니 내가 그것을 받을 것 같애. 넌 왜 그랬고 난 또 왜 그랬을까?
자 그건 잊어버리고 그 전날 산보하던 일과 그래 하면서 웃던 일만 생각하자. 응, 웃으며 고개를 끄덕여 봐, 그 예쁜 얼굴로.
이제 사랑의 달 4월도 몇 일 남지 않았는데 뭔가 이루지 못한 아쉬움뿐이구나.
싹트고 꽃피며 아지랑이 아른거리는 4월에 포근한 햇살에 안겨 어깨를 나란히 걸어보지도 못했고 즐겁게 구경도 못하고 다방에 같이 앉아 음악을 들으며 즐거운 얘기도 못하고 그날들을 허무하게 보내버리고 말았구나.

나의 피이며 살이니

엄마는 이사를 가시고 성당에 열심히 다니셨다. 사람들을 사귀려고 나가시는 것 같았다. 사교성이 뛰어난 엄마답다고 생각했다. 세례를 받으시고 견진성사까지 엄마의 신앙생활은 열정적이었다.

"너는 왜 성당에 나가지 않니? 가서 마음의 위안도 받고 얼마나 좋아. 하나님이 다 들어주시는데" 잔소리로 이어졌다.

"알았어" 늘 그렇듯 건성으로 대답을 했다. 엄마의 작은 서재에는 〈울지 마 톤즈, 그후 선물〉이 꽂혀 있었다. 이태석 신부님에게 감동 받아 성당에 나가게 되었다고 하셨다. 엄마의 마지막 저녁 만찬도 성당의 지인과 함께 했다. 엄마는 딸과 보낸 전주 여행 이야기를 많이 하셨다고 한다. 감사함과 더불어 송구스러운 그리움으로 그

분의 얼굴을 똑바로 쳐다볼 수 없었다.

이제야 엄마의 소원대로 성당에 나가기 시작했다. 그러나 나의 피이며 살이니 그것을 나누어 먹으라는 신부님의 말씀이 자꾸 귀에 거슬리고 소름도 끼쳤다. 급기야 그 소리가 듣기 싫어 나가지 않았다. 김애란의 〈칼자국〉에서 엄마가 칼로 자른 음식은 나의 몸속으로 들어가 장기들이 무럭무럭 자란다는 표현이 나온다. 엄마가 해준 음식과 함께 그 재료에 난 칼자국도 함께 삼켰다고.

성당에서 들은 말이 마치 엄마의 피와 살을 먹는 것 같아 거부감이 들었다. 엄마가 나중에 마음의 위안을 얻고 믿었던 곳에서 엄마의 피와 살은 나의 몸속으로 들어와 나의 신경을 건드리고 있었다. 본인의 아름다운 청춘을 바쳐 키우셨는데 죽어서까지 그의 살을 또 먹고 위안을 얻고 소원을 비는 일은 얼마나 염치없고 부끄러운 일인가? 나는 엄마의 아픔을 마주하는 것이 두려운 것인 아니라 나의 못난 모습을 보는 것이 무서운 것이었다. 나의 피 속에는 무엇이 흐르고 있을까?

책 〈울지마 톤즈, 그후 선물〉 - 저자 구수환

책 〈칼자국〉- 저자 김애란

만일 나의 곁에 英子가 있다면 난 정말 너에게 주정이라도 부리고 싶도록 심란하구나.

오늘도 종일 지금까지 나에게 보내온 너의 편지를 몇번이고 읽고 있었는지 몰라.

그러다간 노래를 불러보곤 한단다.

「보슬비 오는 거리에 추억은 젖어 들어
상처난 내 사랑은 ~~눈물뿐인데~~
아~ 타버린 연기처럼 정처없이 떠나버린
그 사람은 가버린 마음
돌아올 기약없네 」 성재희 노래란다.

4. 2 (토요일) 品 日.

이제 4. 3. 의 날도 밝았구나.

어젯밤 쓰던 편지다 마저 쓰고 또 하루를 싱겁게 보내야지.

오늘은 내 친구 애인이 같이 면회를 온다니 조금은 기대가 가지만 그래도 따분한 日曜日이 되겠구나.

英子는 어젯밤에 내가 가지 않았다고 무척 기다리다가는

만일 나의 곁에 영아가 있다면 난 정말 너에게 주정이라도 부리고 싶도록 심란하구나.
오늘도 종일 지금까지 나에게 보내온 너의 편지를 몇 번이고 읽고 있었는지 몰라.
그러다간 노래를 불러보곤 한단다.
"보슬비 오는 거리에 추억은 젖어들어 상처난 내 사랑은 눈물뿐일세. 아, 타버린 연기처럼 정처없이 떠나버린 그 사람은 가버린 마음 돌아올 기약없네" 성재의 노래가사
4.2 토요일 철 씀

이제 4.3의 날도 밝았구나.
어젯밤 쓰던 편지나 마저 쓰고 또 하루를 싱겁게 보내야지.
오늘은 내 친구 애인이 같이 면회를 온다니 조금은 기대가 가지만 그래도 따분한 일요일이 되겠구나.
영아는 어젯밤에 내가 가지 않았다고 무척 기다리다가는 욕했을거야. 미안해.

나의 동생

동생이 우리와 떨어져 외할머니와 지낸 일이 생각난다. 엄마는 셋을 키우는 게 육체적으로 너무나 힘들어했고, 할머니는 당신이 적적하시다는 핑계로 동생을 데리고 가셨다고 한다. 나는 아이들을 키우면서 엄마는 어떻게 자식을 떼어 놓았을까 하며 이해가 되지 않아 동생이 불쌍하다는 생각이 든 적이 있다. 동생은 약하고 작고 편식이 심했다. 학교에서 맨 앞자리는 늘 동생 몫이었다. 그러나 동생은 엄마에게 가장 살가운 자식이었다. 막내라서 더욱 부모의 사랑에 목말라 있나 할 정도로 동생은 엄마에게 참 따뜻하게 대했다. 아이처럼 어리광을 피우고 여행도 자주 다니고 외식도 자주 했다. 그리고 지금도 많은 사람들에게 사랑을 베풀며 살아간다. 작은 동생이 어느덧 큰 그림자로 나의 뒤에 서있다.

결핍은 그 자체로 부족한 것이 아니고 그 안에 무언가가 채워지기 위한 과정이다. 결핍을 두려워하는 나는 안달을 부리고 나의 충분한 사랑에 자부심을 느끼며 엄마의 교육관을 무시했던 것은 아닐까 생각한다. 그러나 엄마는 한 수 위였다. 우리를 믿으신 것이다. 그만큼 사랑하니까. 다시 채워질 것을 아신 것이다.

엄마 꿈을 꾸는 날은 동생도 같이 등장하는 경우가 많다. 오늘도 그랬다. 동생에게 무슨 일이 생긴 건 아닐까? 걱정을 하고 있는데 때마침 전화가 왔다. 신기하다. 우리는 엄마로 인해 많이 연결되어 있었다. 서로 조카의 안부를 묻고 사업은 잘 되는지, 건강은 어떤지 엄마처럼 묻는다. 허전한 마음이 물기 젖은 목소리로 여기까지 전해온다. 우리 모두 미치도록 힘들고 아프다. 어른이라 소리 내어 울지도 못하고 이렇게 겉도는 말만 한다. 동생은 아프면 무슨 일이 있어도 하던 일을 멈추고 병원에 가라고 말한다. 너도 꼭 그래라 나도 다짐을 받는다. 우리는 서로의 애통함을 안다. 너덜너덜 할퀴어진 마음을 서로 위로하기 위해서 더 자주 만나야겠다.

너와 그 친구와 나에겐 가장 소중한 사람들인데
너는 여자고 그는 남자일뿐이라.
그리고 그 친구로부터는 한 8개월만에 처음으로 소식을
듣는 순간이구 하니까 싫어!
꽃아! 뭐래 나보고 미워 죽겠다구.' 그래 보기 싫으니.
흥. 바보 그럼 난 누구의 편지부터 뜯어 보았겠니.
조용히 햇볕이 따스하게 쏟아지는 양지쪽으로 나가서
너의 편지부터 뜯어 보았단다. 정말 고마웠어.
지금쯤 무척 기다리고 있을 꽃아! 오늘은 꼭 오라고 그랬지만
난 웬지 서울에 가기도 싫고 또 내 몸의 상태도 좋지않고
하여 이렇게 포기하여 혼자 남아 있지만 꽃아! 정말 난
네가 보고 싶어 안타까운 마음, 싫건 울어라도 버리고 싶구나.
이제 밤이구나. 더 참을 수없어 남아있는 몇사람을 불러
싫건 술을 사주고 나도 지금은 취할 정도란다.
뭐. 내 글씨를 보니 취하지 않았다구.
그래 난 너때문에 지금 정신을 바짝 차리고 있는거야.

너나 그 친구나 나에겐 가장 소중한 사람들인데 너는 여자고 그는 남자일뿐이다.
그리고 그 친구로부터 한 8개월만에 처음으로 소식을 듣는 순간이구 하니까 말야!
영아! 뭐 나보고 미워 죽겠다구 ! 그래 보기 싫으리.
흥, 바보 그럼 난 누구의 편지부터 뜯어보았겠니.
조용히 햇볕이 따스하게 쏟아지는 양지쪽으로 나가서 너의 편지부터 뜯어보았단다. 정말 고마웠어.
지금쯤 무척 기다리고 있을 영아!
오늘은 꼭 오라고 그랬지만 난 왠지 서울에 가기도 싫고 또 내 몸의 상태도 좋지 않고 하여 이렇게 포기하여 혼자 남아 있지만 영아 정말 난 네가 보고 싶어 안타까운 마음, 실컷 울어라도 버리고 싶구나.
이제 밤이구나. 더 참을 수 없어 남아 있는 몇 사람을 불러 실컷 술을 사주고 나도 지금은 취할 정도란다.
뭐, 내 글씨를 보니 취하지 않았다구.
그래 난 너 때문에 지금 정신을 바짝 차리고 있는 거야.

봉하 마을로

엄마가 그토록 같이 가자던 봉하마을을 남편에게 가자고 했다. 어릴 적 정치에 관심 없는 고등학생 나는 엄마가 텔레비전에 나오는 정치인 얘기를 하는 것이 낯설었다. '엄마도 정치를 아는구나, 의외인데' 정도로 생각했다. 세월이 흘러 고 노무현은 대통령이 되었다. 그의 모습에서 엄마를 떠올린다.

가을의 뜨거운 햇살은 연못을 가득 채우고 있다. 전국 각지에서 온 사람들이 흠뻑 젖어들었다. 재각재각 자갈 소리와 파란 하늘, 노란 바람개비는 물 위에 비치어 조각보 같은 무늬를 만들었다. 뒤쪽에는 부엉이 바위가 쓸쓸하게 그림자를 드리운다. 마을 전체가 짙푸른 녹색과 사람들로 한 덩어리가 된다. 휠체어에 탄 노부모를 끄는 어르신 아들, 초등학생 아이와 함께 온 젊은 부부, 중학생 아이들과 같이 온 가족, 친구들과 같이 온 젊은 이들 등 각양각색의 사람들이 또 다른 조각보를 만드는 이유는 무엇일까? 사람은 죽음으로 끝나는 것이 아니고 이렇게 영원히 살아 있는 것이다. 존경과 함께 고해성사라도 하듯 장거리를 달려와 묵념을 하고 눈물을 흘린다. 아름답고 숭고한 인생에 감사하고 이해하지 못한 잘못을 뉘우치고 용서를 비는 듯하다.

버스 아저씨들이 운전하는 자가용 오너 주부들을 혐오하던 불행한 시절 1990년대가 있었다. "집에서 밥이나 짓지 왜 싸돌아다니냐"라고 삿대질을 했다. 그러면 주부들은 자가용에 밥 다 짓고 나왔다고 종이를 붙이고 다녔다. 엄마도 그런 대접을 자주 받았지만 절대 그런 종이를 붙이고 다니지 않으셨다. 그래서 미움을 산 것인지 어느 날 버스 기사와 싸움이 일어났다. 여자 운전자임을 보고 엄마 차 옆으로 바짝 버스를 대고 차에 흠집을 낸 것이다. 엄마는 차를 세우고 먼저 사과를 요구했다. 그러나 "왜 여자가 차를 몰고 나왔냐"는 말을 들었다. 엄마가 손해 배상을 묻자 그제야 아저씨는 옆으로 너무 바짝 댄 거 아니냐며 승객을 태운 채 1시간을 버티고 있었다. 승객들 모두 아저씨에게 빨리 사과하라고 요구했다 엄마는 진정한 사과 한마디면 비용을 받지 않겠다고 했다. 결국 엄마는 무례한 아저씨의 소극적인 사과를 받았다고 한다. 엄마는 여자가 차별받지 않는 정의가 바로 서는 작은 세상으로 나간 씩씩한 여성이었다. 당당하게 사과를 요구할 수 있는 용기. 나에게 그 몸짓과 목소리가 남아있나 생각해 본다. 그리움 조각 하나를 여기에 떨어뜨리며 집으로 돌아왔다.

화내지 말고 내 얘기 들어봐. 응!

알았으면 고개를 끄덕끄덕 해야지 왜 싫어!

이번은 어쩔수없었으니까. 다음주에 꼭 너를 만나러 갈께

그리고는 우리 새싹이 돋는 싱싱한 봄하늘을 즐겨보자.

향긋한 흙내음새 코를 간지럽히는 저 넓은 돼지기에서 살늘 산들

부는 훈훈한 봄바람에 가슴을 펴고 청명한 하늘에서 내려쬐는

햇볕을 마음껏 받아가며 숨긴 뛰어다녀보자, 이말이지

오늘도 난 오지않는 기차를 기다리겠지만 못가고는 나도 지금은

무척 후회가 되는구나.

왜 그런지 책을 펴고 책을 읽으려해도 도무지 머리속에

들어오지도 않고 마음은 자꾸 서울로만 가는구나.

못만 나보고 화만 낸다고 그러지만 난 절대로 화는 낸건 아니야

너무 그런 것에 신경을 쓸 필요는 없어.

우리는 우리대로 그 어떤 사랑을 찾아가고 있으면 되는것이니까.

단지. 나나 너나 어떤 환경에 구애를 받고 생활을 하게

되는 것이 좀 안타까울뿐이지. 안그래.

4. 7에 서울에 가면 전화를 하든지 그곳에 가든지 하기로

하고 이만 줄일께야.

꽃아의 앞 길에 행운이.! 또 건강이.! 그리고 기쁨이.!

화내지 말고 내 얘기 들어봐, 응
알았으면 고개를 끄덕끄덕해야지 왜 싫어.
이번은 어쩔 수 없었으니까. 다음 주에 꼭 너를 만나러 갈게. 그리고는 우리 새싹이 돋은 싱싱한 봄 하루를 즐겨 보자. 향긋한 흙내음새 코를 간지럽히는 저 넓은 대지 위에서 산들산들 부는 훈훈한 봄바람에 가슴을 펴고 청명한 하늘에서 내려쬐는 태양을 마음껏 받아가며 실컷 뛰어다녀보자 이말이지. 오늘도 넌 오지 않는 자를 기다리겠지만 못가고마는 나도 지금은 무척 후회가 되는구나. 왜 그런지 책을 펴고 책을 읽으려해도 도무지 머리 속에 들어오지도 않고 마음은 자꾸 서울로만 가는구나. 영은 나보고 화만 낸다고 그러지만 난 절대로 화를 낸 건 아니야. 너무 그런 것에 신경을 쓸 필요는 없어. 우리는 우리대로 그 어떤 사랑을 찾아가고 있으면 되는 것이니까. 단지 나나 너나 어떤 환경에 구애를 받고 생활을 하게 되는 것이 좀 안타까울 뿐이지. 안그래
4.9에 서울에 가면 전화를 하든지 그곳에 가든지 하기로 하고 이만 줄일테야.
영아의 앞일에 행운이, 또 건강이, 그리고 기쁨이 있기를 진심으로 빌며. 안녕

작은 엄마

〈그 많던 싱아는 누가 다 먹었나〉를 읽었다. 읽는 내내 엄마와 작은 엄마들이 생각났다. 우리 집은 큰집이어서 늘 친척들이 붐볐다. 자주 만나다 보니 작은 엄마, 고모와 친하게 지냈다. 나에 대한 모든 것을 공유하는 친척들이었다. 심지어 작은 아빠가 나의 손톱까지 깎아준 적도 있다. 그러나 아빠의 부재로 점점 왕래가 잦아들고 특히 엄마가 친척들을 만나는 것을 불편해하고 자식들의 결혼과 함께 자연스레 멀어졌다.

엄마와 작은 엄마는 마치 자매처럼 만나면 수다를 많이 떨었다. 엄마의 말이면 무조건 따르는 착한 작은 엄마, 나를 몰래 불러 용돈을 주거나 양말 선물을 부끄럽게 건네곤 하셨다. 가족들 앞에서 남편을 너무 사랑한다는 말도 자연스럽게 하는 귀여운 분이셨다. 딸이 귀한 우리 집에서 사촌 여동생과 나는 늘 비교의 대상이었다. 무조건 언니를 따라 하라면서 은근히 질투심, 경쟁심도 보이곤 했다. 그런 작은 엄마도 작은 아빠의 죽음으로 왕래를 끊고 완전 다른 사람이 되어가셨다. 엄마도 그런 모습을 보고는 이해를 하는지 아무 말도 안 하셨다.

작은 엄마는 엄마의 장례식에도 오지 않았다. 이유는 모르겠지만 나는 서운하지 않다. 그저 이렇게 글로 추억함으로써 엄마를 대신해 아름다운 인사, 고마움만 전하고 싶을 뿐이다. 유산처럼 쌓인 우리의 사랑은 그 어떤 시련도 상처도 이기는 것 같다. 불현듯 어린 시절의 추억을 떠올리고 또는 추억을 약으로 삼아 오늘을 견디며 또는 앞으로 나아가는 것이다. 나는 작은 엄마가 감사하다.

책 〈그 많던 싱아는 누가 다 먹었나〉 - 저자 박완서

잔뜩 지프린 날씨에 세차게 부는 바람이 어제의 푹푹

찌는듯한 폭양과는 너무나 대조적이더니 기별로는 눈이 펄펄

쏟아지는 때이니 겨울이 왔나보다.

주말이라고 기대를 걸고 일주일간 즐거운 계획을 세워보아도 오늘의

추운 날씨엔 따분하게 부대에 매달리고 말아야겠구나.

전 일요일은 정말 고마웠어!' 오히려 나자신이 미안하구나.

그렇게까지하며 미천한 나를 기다리며 나를 생각해주는 여인을

두고 주말이라고 찾아온 휴일에 너의 옆으로 가지 못하는 것은

우리의 어제의 환경이고보니 가슴이 터지는 것 같구나.

영아도 요사인 몸이 별로 심심하지는 않겠구나. 즐거운 생활에 너무

번민하지는 말것. 역시 웃으며 명랑하게 지내는 것이 좋으니까.'

전에 가보니 얼굴이 좀 수척해진것 같드구나.

뭣. 놀린다고! 그게아니고 귀여워서 그런게야.

또. 병신 만든다구! 그래도 역시 그런걸 어떻해.'

손 끝이 시려서 도무지 글을 못쓰겠구나.

저녁 하늘을 통하여 쏟아지는 저 눈속에서 언젠가 눈나리는 거리를

같이 걷던 여인을 생각하게 되는구나.

잔뜩 지푸린 날씨에 세차게 부는 바람이 어제의 푹푹 찌는 듯한 폭양과는 너무나 대조적이터니 기여코는 눈이 펄펄 쏟아지는 때아닌 겨울이 왔나보다.
주말이라고 기대를 걸고 일주일간 즐거운 계획을 세워보아도 오늘의 추운 날씨엔 따분하게 부대에 머무르고 말아야겠구나.
전 일요일은 정말 고마웠어. 오히려 나 자신이 미안하구나. 그렇게까지하며 미천한 나를 기다리며 나를 생각해주는 여인을 두고 주말이라고 다가온 휴일에 너의 옆으로 가지 못하는 것은 우리의 억제된 환경이고 보니 가슴이 터지는 것 같구나.
영아도 요사인 뭐 별로 심심하지는 않겠구나.
즐거운 생활에 너무 번민하지는 말 것. 역시 웃으며 명랑하게 지내는 것이 좋으니까. 전에 가보니 얼굴이 좀 수척해진 것 같구나. 뭐 놀린다고! 그게 아니고 귀여워서 그러는 거야. 또 병신 만든다고! 그래도 역시 그런 걸 어떡해.
손 끝이 시려서 도무지 글을 못쓰겠구나.저 먼 하늘을 통하여 쏟아지는 저 눈속에서 언젠가 눈 나리는 길을 같이 걷던 여인을 생각하게 되는구나.

미아

초등학생 때 이사를 했다. 엄마는 710번 버스를 타고 학교에 가고 올 때도 710번 버스를 타고 오면 된다고 했다. 나는 두려웠지만 정신을 바짝 차렸다. 학교에 무사히 도착했고 집으로 돌아가는 시간이 되어 다시 버스를 탔다. 나는 길을 건너지 않고 아침에 내린 그 자리에서 그대로 버스를 탔다. 처음 가는 길이라 집으로 제대로 가는 줄도 모르고 몇 번 정거장을 거치는지 세고 있었다. 그러나 마지막 정거장에 도착하니 아무도 없었다. 처음 느끼는 두려움이었다. 눈물이 나와 아무 말도 할 수 없었다. 어디를 가냐는 기사님의 말에도 대답을 하지 못했다. 나는 그대로 얼어버려 생쥐처럼 작아지고 결국 엄마, 아빠를 만나지 못할 거라는 무서움에 떨었다.

엄마가 남기신 일기장에는 평생 말씀하지 않은 이야기가 있었다. 어린 시절 할머니를 잃어버려 무당의 집에서 지냈다가 발견되었다는 것이다. 할머니는 어떻게 무당의 집에서 엄마를 찾았을까? 혹시 너무 어려운 살림에 엄마를 무당에게 맡겼다가 도저히 안 되겠어서 다시 찾은 것이 아닐까? 엄마가 이 사실을 이제껏 이야기하지 않으신 이유는 무엇일까? 궁금한 것이 너무나 많다.

그 일기장은 잘 깎은 연필과 함께 내가 엄마에게 드렸던 것이다. 자서전을 써보시라고 권했다. 잠이 오지 않을 때 잘 쓰겠다는 생각보다는 떠오르는 것을 솔직하게 적으라고 했다. 그 뒤 가끔 잘 쓰고 있냐고 묻기만 할 뿐 일기를 보지 않았다. 엄마의 사생활 같기도 하고 다 아는 내용이겠거니 싶었다. 그러나 그 일기를 조금 일찍 봤더라면 엄마의 삶을 좀 더 이해하는 시간이 되었을 텐데, 후회는 사나운 짐승이 되어 내 목구멍을 사정없이 할퀸다.

엄마에 대해 잘 몰랐다는 무지를 깨닫기까지 너무나 오랜 시간이 걸렸다. 엄마는 자존심이 강한 분이셨다. 만약 할머니를 잃어버린 추억이 아닌 버려진 추억이었다면 자식과 며느리들에게 알리고 싶지 않으셨을 것이다. 그때는 모두가 가난하고 어려웠는데도 말이다. 그 두려움을 마음 깊숙이 꼭꼭 숨겨두었다가 글로 써내려갔을 때 엄마는 울었을까? 아이가 되어 할머니를 원망하다가 다시 용서했을까? 또 나를 잃어버렸던 추억도 떠올리며 가슴을 쓸어내리셨을까?

이별을 하고 있는 지금 과거의 추억은 나에게 큰 위안과 힘을 주고 있다. 유년시절의 아름다운 엄마는 그대로 나의 가슴에 남아 있다. 추억의 옷을 입고 미소 지으며 나의 앞에 나타난다. 한숨이 되기도 하고 울음이 되기도 하고 다시 이야기가 되기도 한다.

명랑한 4월의 하늘에서 꿈이 부풀고, 새싹이 돋아나는 땅에서
젊음의 힘이 솟는 계절에. 터지는 가슴은 왠지 서글퍼만 지는구나.
개나리, 진달레도 활짝 피어 부대 주변에 꽃동산을 이루는데
오늘의 날씨에 너무나 저 꽃들도 처량하기만 하구나.
칠요일부터는 29일까지 훈련이 있을 것이니까. 아마 서울에는
못가고 말것 같구나.
부탁이 있는데 좀 들어 주어야 겠어!
30일에 우리 행정과 친들고 경주와 서울 두패로 나누어 여행을
할 예정인데 난 경주로 갈 생각이지만 약간의 자금이 필요하니
다음에 편지하면 보내주길 바라나이다..
응. 얌체 같은 소리한다구. 그래서 이렇게 두 손모아 빌잖니?
그건 그렇고, 즐거운 생활에 더욱 더 많이 웃으며
행운이 깃들기를 바라며. 간단히 줄일께야..
답장은 다음에 편지하면 할것. 그런 사정이 있으니까?
그럼. 안녕 +。

명랑한 4월의 하늘에서 꿈이 부풀고 새싹이 돋아나는 땅에서 젊음의 힘이 솟는 계절에 터지는 가슴은 왠지 서글퍼만 지는구나.
개나리, 진달래도 활짝 피어 부대 주변에 꽃 동산을 이루는데 오늘의 날씨에 너무나 저 꽃들도 처량하기만 하구나. 월요일부터는 29일까지 훈련이 있을 것이니까 아마 서울에는 못가고 말 것 같구나.
부탁이 있는데 좀 들어 주어야겠어.
30일에 우리 행정과원들과 경주와 서울 두 패로 나누어 여행을 할 예정인데 난 경주에 갈 생각이지만 약간의 자금이 필요하니 다음에 편지하면 보내주길 바라나이다.
응, 얌체 같은 소리한다구. 그래서 이렇게 두 손 모아 빌잖니?
그건 그렇고 즐거운 생활에 더욱 더 많이 웃으며 행운이 깃들기를 바라며 간단히 줄일테야.
답장은 다음에 편지하면 할 것. 그런 사정이 있으니까.
그럼 안녕.

어머니 권선영

엄마는 1945년에 태어나셨다. 엄마가 살았던 시대를 알기 위해 박경리의 〈김약국의 딸들〉을 읽었다. 구수한 통영 경상도 말은 엄마의 말투로 바뀐다. 엄마는 부산에서 태어나셨다. 서울로 전학을 왔을 때 친구들이 사투리를 쓴다고 엄청 놀렸다고 한다. 엄마가 평소 서울말만 쓰셔서 전혀 모르고 있다가 나는 친척들을 만나면 자연스럽게 사투리를 쓰는 모습을 보고 놀라기도 했다. 서울말인 줄 알았던 단어들은 부산 말인 경우도 많았다.

〈김약국의 딸들〉처럼 엄마집도 딸 부잣집이었다. 넷째 딸까지 있는 점이 소설과 같고 막내 아들이 있는 점이 다르다. 소설의 내용은 비극적이다. 비극으로 끝나는 소설과 달리 엄마는 자상한 남편을 만나 행복했다. 첫째 이모는 어린 나이에 가난한 남자와 결혼해 평생 고생을 많이 하셨다. 둘째, 셋째 이모는 어린 나이에 병으로 죽었다고 한다. 막내 외삼촌은 유일한 아들로 혼자 대학을 나오셨다. 엄마는 남동생을 위해 공장에 다녔고 나중에는 산부인과 병원에서 보조 간호사로 일을 하셨다. 거기서 원장 선생님인 고모할머니의 중매로 아빠를 만나셨다. 외모가 뛰어났던 엄마는 그 덕분에 결혼을 잘한 거라고 생각하신다. 김약국의 셋째 딸도 과거가 있었지만 뛰어난 외모로 부잣집에 시집을 간다. 외모는 과거에 여자에게 힘이 되었나 보다. 이것이 엄마의 가치관을 형성했다.

엄마는 경제적인 독립을 이루지 못했지만 삼촌과 할머니는 잘 사는 엄마 덕을 보았다. 아이러니하게 그런 엄마는 할머니의 제일 큰 자랑이 아니었다. 엄마 역시 아들과 딸을 차별했고 딸을 경제적으로 독립시키는 일보다는 결혼으로 안정을 누리도록 하고 싶어 하셨다. 자신이 받은 차별에 저항하기 위해서라도 딸에게 좋은 직장을 얻으라고 하셨어야 했을 것 같은데 엄마는 왜 딸에게 결혼을 강요하셨을까? 엄마가 결혼이라는 제도에 만족하신 것일까? 엄마도 자식 세 명을 키우고 시어머니를 모시느라 경제적으로 넉넉하지 않은 때도 많았다. 그럼에도 불구하고 결혼을 강조한 걸 보면 오래 전해져 온 사회 관습은 쉽게 바뀌지 않는 것 같다.

물고기가 바다에 천천히 스며들 듯 우리 삶은 사회의 영향을 서서히, 그러면서 많이 받고 있다. 차별을 받는다고 인지하지 못할 때도 많다. 우리가 알고 있는 역사적인 사실들과 통념이 자연스레 사람들의 삶을 불행하게 바꾸어 놓기도 한다.

나는 결혼관이 다른 엄마에게 많이 서운했다. 이 점에 대한 오해는 오랜 시간 엄마를 멀리하고 미운 마음을 갖게 해서 나와 엄마를 자유롭게 만들지 못하게 했다. 깊은 오해와 시간의 강이 우리를 막고 있었다. 같이 있는 동안 서로를 힘들게 하고 불행하게 했다. 그러나 투정을 부렸던 나조차 기존 세대의 가치관에서 크게 벗어나 있지 않음을 느낀다. 이렇게 시간이 지나 내 모습을 똑바로 보고 나서야 엄마를 이해하게 되었다. 나는 종종

내게서 내가 아닌 것 같은 모습을 본다. 그리고 엄마도 보인다. 그토록 미운 엄마는 시대 속의 한 인물로 그 시대를 살았던 것이다.

서로를 이해하는 과정을 통해 우리는 관계를 회복하고 서로의 인생을 치유해야 했다. 그러나 엄마의 몸에 새겨진 상처를 보지 못하고 치유하지 않은 상태에서 불행이 되물림 되었다. 동아줄처럼 단단하고 견고하게 묶인 우리 둘의 인연 속에 사회라는 상처도 새겨지는 것이었다. 꾹 참고 있다가 상처에서 오해와 아픔의 고름이 흘렀지만 우리는 시간과 사랑의 힘으로 그것을 회복하고 있었다. 울고 웃고 그것이 우리의 동아줄이다. 엄마와 나는 사회에서 동떨어진 차별의 공동체 속에 함께 손을 잡고 동그란 원 속에 서 있었던 것이다. 그리고 서로에게 쌓이던 사랑과 증오는 시간이 흐를수록 친밀감과 이해로 바뀌었다. 우리 동아줄에는 '여자'라는 글자가 뚜렷하게 새겨져 있다.

책 〈김약국의 딸들〉- 저자 박경리

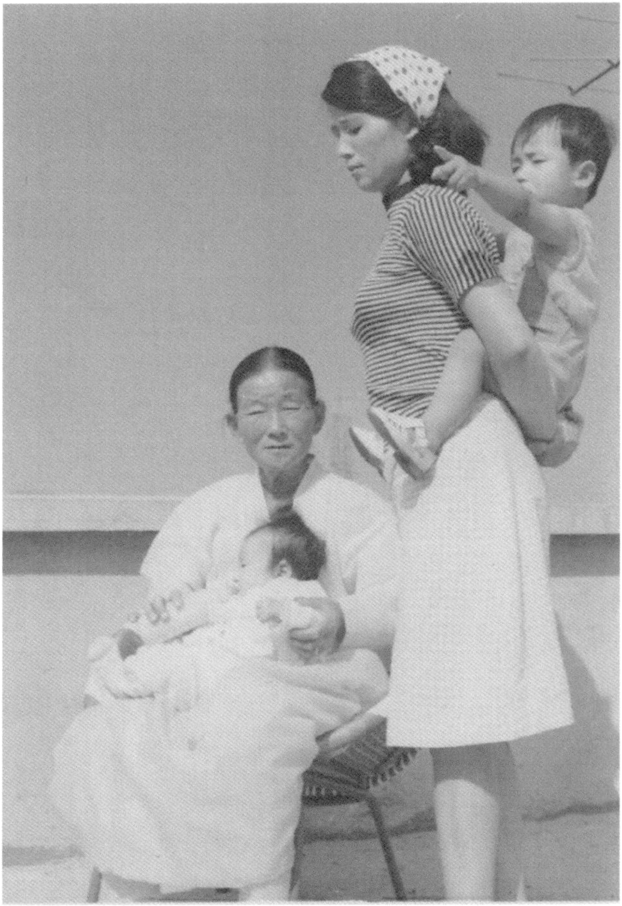

아버지 홍병철

아버지의 부재는 우리에게 재앙과도 같은 것이었다. 엄마의 인생을 가장 찬란하고 아름답게 만들어준 존재, 진정으로 사랑하던 존재가 사라졌다. 나는 엄마도 잃을까 두려웠다. 내 슬픔보다 엄마의 고통에 신경이 더 쓰여서 소리 내어 울 수가 없었다. 보고 싶다는 얘기를 하면 엄마가 우르르 무너질 것 같아 말하지 않고 슬픔을 가슴속에 담았다. 아빠는 우리에게 마지막 선물을 남겼다. 경제적인 지탱만 할 수 있는 집. 그러나 우리는 경제적으로도, 정서적으로도 전혀 견딜 수 없는 끔찍한 시간을 보냈다. 어느 날 엄마는 통보를 하셨다. 집을 팔았다고. "그래, 잘했어" 엄마가 원하시는 것은 뭐든 해주고 싶었다. 그리고 엄마는 맘을 두지 못하고 여기저기 돌아다니셔야 했다. 엄마는 왜 그 집을 파셨을까? 혼자 외롭다고 우리에게 보여주신 것은 아닐까?

기억은 나를 그 집이 있던 동네로 이끌었다. 그러나 개발이라는 이름은 나를 둘러싼 공간을 낯설게 만들었다. 여기인가 저기인가 한참을 돌아다닌 뒤 겨우 우리가 살던 옛집을 발견했다. 희한하게 많은 집이 사라졌는데 그 집만 남아 있었다. 서로를 품어주지 못했던 시간과 공간에서 우리는 무엇을 잃고 또 얻었는가?

외환위기 시대는 아빠를 회사에서 쫓아내고 성실한 자존심을 한없이 무너뜨렸다. 흰머리가 그 자리를 대신하더니 담배 연기처럼 사라지셨다. 또 두 분이 발품을 팔아 산 우리 집은 그 시대의 그늘 속으로 사라졌다. 몇십 년이 지난 오늘, 나는 그 자리에 섰다. 계약직의 그늘에서 벗어나지 못한 후손은 생각에 잠긴다. 그러다 행복한 기억이 떠오른다. 그 집에서 강아지를 키웠고 아들이 태어나 산후조리를 했다. 상실의 공간은 다시 무언가를 채우는 생명이 태어나면서 활기가 돌았다. 시간은 흘러 다시 엄마의 부재로 이어지고 나는 또다시 이곳에 와서 있다. 이곳은 실제 세계와 아득히 먼 시간적인 거리가 있는 것 같다.

그때 우리는 서로의 새장에 갇혀 있었다. 새장에 갇혀 아무것도 볼 수 없었고 누군가 문을 열어주기만을 기다렸다. 무력감이 찾아온 것이다. 우리 집은 어둠으로 뒤덮였다. 우리는 바다에 내던져진 것처럼 버둥거렸다. 덮쳐 오는 파도에 한동안 잠겼다 힘겹게 얼굴을 내밀며 버둥거렸다. 그러다 우리는 다시 만났다. 다시 돌아온 우리의 모습을 발견한다. 우리는 서로에게 연결되어 있다. 내가 그들 없이 살 수 있을까. 내 마음 속에 해결되지 않은 물음은 그 서러운 시간을 지나 내게 알려준다. 순수한 삶의 모습으로 뻗어 나가라고. 유산처럼 쌓인 사랑을 믿으라고. 다시 두터운 색채로 우리 집은 살아난다. 오늘은 엄마가 햇살로 나를 감싼다. 지금 곁에 있는 가족이 내 손을 잡아준다.

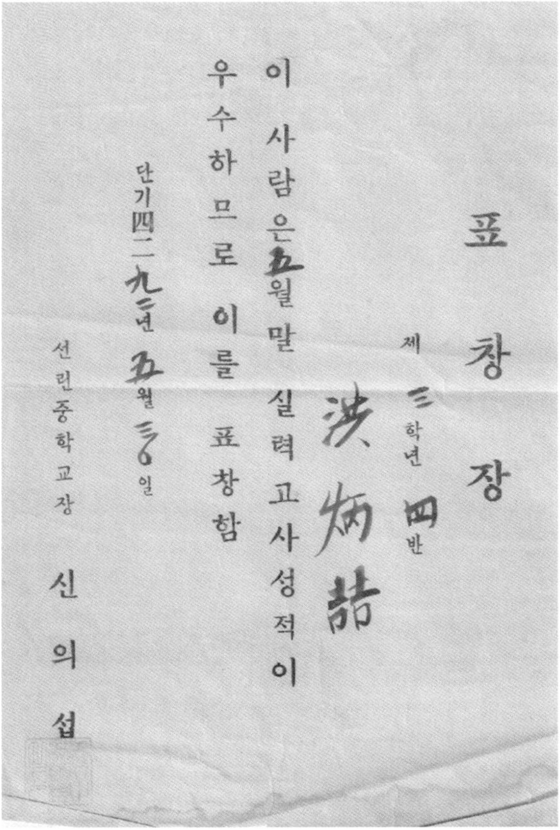

표창장

제 三 학년 四 반

洪炳喆

이 사람은 五월말 실력고사성적이
우수하므로 이를 표창함

단기 四二九三년 五월 三0일

선린중학교장 신의섭

어느덧 봄

바람 속으로

누군가를 보살핀다는 것은 우주적인 활력이 필요한 일이다. 또한 그 에너지를 서로 주고받는 인연도 필요하다. 나는 화초, 물살이(물고기), 병아리, 강아지를 키워봤다. 나와 인연이 가장 잘 맞는 것은 강아지이다. 나를 바라보는 눈에는 감미로운 믿음이 있다. 감정이 오가는 연결이 유독 강아지와 잘 된다. 나의 시선이 강아지에 머문다.

엄마에게는 물살이와 새가 잘 맞았다. 강아지처럼 손 가는 것이 적어 키우기 편하다고 말씀하셨다. 엄마는 그들과 눈을 맞춘 것이다. 친오빠도 마치 엄마의 유언이라도 들은 듯 물살이를 열심히 키우고 있다. 나도 엄마 생각이 날 때마다 고민을 한다. 텅 빈 어항 속에 다시 물살이를 키워볼까. 그러나 아직도 자신이 없다. 내 마음 달래자고 그럴 수는 없다. 욕심과 억지를 부리지 않는다.

며칠 전 〈천 개의 바람이 되어〉 노래를 듣고 문득 엄마를 바람 속에서 찾고 있는 나 자신의 모습을 보게 되었다. 새를 좋아했던 엄마는 새가 되었을까. 한강에 떠있던 오리들도 무척 사랑스러운 눈으로 바라보고 새장을 청소하고 먹이를 주는 귀찮은 일을 하셨다. 우리는 무엇이 될지 아무도 모른다. 그러나 자유로운 바람이 되어 나를 만나고 싶은 마음이 닿은 것은 아닐까 생각해 본다. 탁 트인 벌판에서 시원한 바람을 맞고 싶다. 그저 자연 속으로 여행을 가고 싶다.

〈지상의 마지막 오랑캐〉 책을 보면 척박한 환경에서 살아가는 몽골인은 외로움과 고통을 자연 속에서 승화한다. 사랑한다는 말도 "사랑을 남겨놓는다"라고 말하고 잘 있으라는 인사말도 "그리움을 남겨놓고 갑니다"라로

표현한다. 나는 바람 속에서 사랑하는 사람을 만나고 싶어 여행을 떠난다. 자연은 그리움을 안아주고 사랑을 드러내게 도와준다. 드러내지 않아 곪았던 나의 고통은 잠시 바람 속에서 한숨을 돌리고 아주 사적인 노력을 하게 한다. 결론짓지 않는 시간 그것이 나에게 필요했고 자연으로 돌아가는 과정에서 나도 유목민인 것이다. 햇살이든 눈이든 바람이든 새든 나의 주변에 있어 내 시선이 머무는 것이 엄마이다. 내가 엄마를 위로하는 것인지, 엄마가 나를 위로하는 것인지 모르겠다.

책 〈지상의 마지막 오랑캐〉- 작가 이영산

제 65 통 신 지 원 대 대 1

수 신 권 선 영

발 신 홍 병 철

제 목 안 부 편 지

내 용 1. 비가 온 뒷날의 맑고 청순한 하늘에 엷은 흰구름이 아름답게 수놓는 5월의 하루, 먼 하늘을 바라보고있자니 무언가 꿈틀거리는 희망이 부풀어 심란해진 마음 달래보려고 팔소매를 걷어부치고 어제 썼던 편지는 찢어버리고 다시금 너에게 서신 한장을 띄어본다.

2. 그간 잘있어? 영아의 생활에엔 요즈음 많은 변화가 생기어 매우 즐거운 시간을 보내며 무언가에대한 꿈을 그려보고있겠지.

3. 덕분에 나도 서울에 잘 다녀 왔어. 짝지은 친구들과 어울리기가 어색은 했지만 그런대로 고궁을 이리 저리 밀려다니며 즐거워하는 표정들은 보는것이 숨막히도록 갑갑한 부대에 있는것보다는 좀 보람이 있었어.

어떠한 계획으로 열차에 몸을 싣어 너와의 대화를 생각하며 서울에 갔지만 멋없이 초원에서 기달리며 생각해봤지만 모두가 부질없는 나만의 생각이란것을 알았을때 난 너무나 실의에 차있었어. 태평한 그리고 비웃는듯한 영아의 목소리를 들었을때 난 정말 서글펐던거야.

기대가 크면 클수록 그것이 실현되지 않을때 그만큼 번민이 커지겠지만 비가 온 뒷날의 맑고 청순한 하늘에 엷은 흰 구름들이 아름답게 수놓는 5월의 하루, 먼 하늘을 바라보고 있자니 무언가 꿈틀거리는 희망이 부풀어 심란해진 마음 달래보려고 팔소매를 걷어 부치고 어제 썼던 편지는 찢어버리고 다시금 너에게 서신 한 장을 띄어본다. 그간 잘 있어? 영아의 생활엔 요즈음 많은 변화가 생기어 매우 즐거운 시간을 보내며 무언가에 대한 꿈을 그려보고 있겠지.
덕분에 나도 서울에 잘 다녀왔어, 짝지은 친구들과 어울리기가 어색은 했지만 그런 대로 고궁을 이리저리 밀려다니며 즐거워하는 표정들을 보는 것이 숨막히도록 갑갑한 부대에 있는 것보다는 좀 보람이 있었어. 어떠한 계획으로 열차에 몸을 실어 너와의 대화를 생각하며 서울에 갔지만 멋없이 초원에서 기다리며 생각해봤지만 모두가 부질없는 나만의 생각이란 것을 알았을 때 난 너무나 실의에 차 있었어. 태평한 그리고 비웃는 듯한 영아의 목소리를 들었을 때 난 정말 서글펐던 거야.
기대가 크면 클수록 그것이 실현되지 않을 때 그만큼 번민이 커지겠지만

사람들에게 느끼는 상실감을

저도 엄마의 죽음이 모두 제 탓인 것 같아 괴로웠습니다. 일찍 건강을 챙겨드렸더라면 더 오래 사실 수 있었을 텐데 후회를 하고 또 했습니다. 먹는 것조차 죄스럽고 자비를 베풀어 주소서 기도 소리도 듣기 싫었습니다. 사람들은 말합니다. 자식을 잃은 슬픔이 부모를 잃은 슬픔보다 더 크다고. 내리사랑이라는 것이 있다고. 자식은 가슴에 묻는다고. 네, 솔직히 말하면 저도 자식의 죽음을 상상한다면 더 괴로울 거라 말씀드립니다. 그래서 저의 슬픔과 비교한다는 것은 죄송스러운 마음이 들기도 합니다. 그러나 죽음의 슬픔을 비교하는 것이 무슨 의미가 있겠습니까.

오늘 〈죽음의 수용소에서〉 책에서 삶의 의미를 찾는 글귀를 보았습니다. 극한의 상황에서도 사랑하는 이에 대한 애틋함, 저녁놀의 아름다움, 좋아하는 일을 하는 것으로 삶의 의미를 구성하려는 노력이 인간의 존엄을 지켜주었다고요. 인생은 내가 만들고 노력한 것이 아닌 우연, 운명, 행운, 불운의 연속이 아닌가 싶습니다. 어쨌든 우리는 살아가고 있습니다. 그리고 우리의 존엄성을 지키는 일은 사치도 아니라 죄스러운 행동도 아니고 다행히 해야 하는 일이라고 감히 말해봅니다. 다시 되돌릴 수 없는 시간들에 대한 미련, 고통보다는 기억해 주는 선한 노력을 통해 조금씩 잊힌 우리를 찾아야 한다고 생각하고 위로합니다. 부디 힘내십시오. 용서하십시오. 저에게 하는 말이기도 합니다.

책 〈죽음의 수용소에서〉 - 저자 빅토르 E. 프링클

2.

이번처럼 그것을 절실히 느끼고 방황하게 된다면 인간이 살아가는 의욕을 도무지 찾아볼 아무것도 없구나.

영아 " 그렇지만 난 너를 원망하려는 건아니야.

4. 전화만이없지만 너의 듣고싶던 그 목소리가 아직도 귀전에 맴돌며 자꾸만 너의 환상을 그려보며 하나 하나를 생각해보지만 왠지 넌 요사이는 좀 이상해진것 같애.

나하고 친했던 친구가 오늘 카추사로 가게되어 같이 시내에나가 영화 감상을 하고 방금들어오는길인데 다시금 펜을 잡으려니 몸과 마음이 무척 피곤하구나. 오늘은 일찍 자야겠어.

그럼 안녕 ....

1966. 5. 14.

제 65 통 신 지 원 대 대

대대장명에의하여

사병계 상병 홍 병 철

추이. 1 마침 사진이 도착하여 한장 부쳐줄께.

2. 5월 28일 서울서 만나건 ..

오후 7시 30분경 덕수궁 앞에서 --

3. 답장할것 —

이번처럼 그것을 절실히 느끼고 방황하게 된다면 인간이 살아가는 의욕을 도무지 찾아볼 아무 것도 없구나.
영아 그렇지만 난 너를 원망하려는 건 아니야.
전화만이었지만 너의 듣고 싶던 그 목소리가 아직도 귓전에 맴돌며 자꾸만 너의 환상을 그려보며 하나 하나를 생각해보지만 왠지 넌 요사이는 좀 이상해진 것 같애.
나하고 친했던 친구가 오늘 카추사로 가게 되어 시내에 나가 영화 감상을 하고 방금 들어오는 길인데 다시금 펜을 잡으려니 몸과 마음이 무척 피곤하구나,
오늘은 일찍 자야겠어.
그럼 안녕

1966.5.14.
추이 1.마침 사진이 도착하여 한 장 부쳐줄게
2.5월 28일 서울서 안 만나련. 오후 7시 30분경 덕수궁 앞에서
3.답장할 것

그림책을 보며

내가 어릴 때는 그림책이 없었다. 그러나 내가 아이들을 키울 때는 그림책 읽어주기가 붐이었고 좋은 그림책이 많았다. 엄마와 나의 틈을 그림책이 채운다. 나에게 읽어주지 않은 그림책을 엄마는 나의 아이들에게 읽어주셨다. 갑자기 생각 난 그림책 〈천둥케이크〉. 제법 글밥도 많은 그림책이었다. 아이들은 이 책을 좋아해서 읽어달라고 조른다. 엄마는 내가 피곤할까봐 대신 읽어주신다. 엄마의 목소리는 무슨 색깔이었나? 대문 밖에서도 항상 엄마 목소리가 들렸고 엄마랑 전화기로 통화할 때에는 10센티 띄어서 말했다. 그런데 그 큰 목소리는 아니다. 조금 부피를 줄인 목소리로 무척 진지하게 리듬감 없이 읽는다. 그래도 아이들의 눈은 빛난다. 다 읽으시고 너무 재미있다며 당신이 더 즐거워하신다. 엄마도 그림책의 매력에 빠지셨다. 엄마는 중학교만 나오셨다. 그 당시 고등학교를 다니는 것은 지금의 대학교나 마찬가지이고 그 시절은 여자아이에게 교육을 시키지 않았다. 학교에서 배운 내용 중 모르는 문제를 물어보면 아빠 오시면 물어보라는 말을 자주 듣고 어느 순간부터는 물어보지 않았다.

엄마는 그림책 내용을 이야기하신다. "그러니까 이 할머니가 손녀가 천둥을 무서워하니까 지혜를 쓴 거지? 이 방법 괜찮네, 우리도 케이크 만들어볼까?" 엄마는 쾌활하고 영리하신 분이었다. 비록 고등 교육을 받지 않으셨지만 엄마 말은 뭐든지 옳다고 생각하고 자랐다. 그러나 외할머니는 영리한 엄마는 공부를 시키지 않고 외삼촌만 공부를 시키셨다. 할머니를 원망하는 말씀을 하지 않으셨지만 가끔 내가 공부했다면 국회의원이 됐을 거라는 말을 자주 듣는다고 조금 아쉬운 미소를 지으셨다. 그 점이 나랑 다르다. 나는 엄마 원망을 많이 하고 살았다. 아들과 차별한다고 서운하게 생각했다. 엄마에게서 벗어나고 자랑스러운 딸이 되어 후회하게 만들고 싶었다.

〈글 쓰는 딸들〉 책을 읽으면서 뒤라스가 느낀 불안과 외로움, 보부아르가 느낀 절망과 회한, 콜레트가 느낀 슬픔과 반항심 모두 공감했다. 그녀들도 엄마에게 벗어나기 위해, 복수를 하기 위해, 또 한편으로는 철저하게 사랑을 받기 위해 글을 쓴다. 그러나 마지막 엄마의 죽음 앞에서는 사랑이라는 위대한 감정을 느낀다. 모두 엄마의 사랑을 갈구하고 또 갈구한 모습이었다. 나도 너무나 정서적으로 멀어진 엄마를 보면서 한편으로 용서를 하지 못하는 나의 마음을 보면서 늘 괴로웠다. 강물처럼 흘렀던 우리의 인연이 또다시 그림책이라는 추억으로 수면 위로 떠오른다. 언제쯤 이 감정을 말끔히 털어낼 수 있을까? 엄마를 허망하게 보내고 4년 동안 죄책감에 시달리며 글을 썼다. 그림책을 읽어주는 엄마의 모습과 목소리가 생생해지고 다시 그녀들의 글이 나의 마음을 심란하게 한다. 문득문득 떠오르는 추억 안에는 아직도 그 시절 해소되지 않는 감정의 찌꺼기는 있다. 눈물은 아직도 메마르지 않았다. 엄마와 나는 어디에 있는 것일까.

책 〈천둥 케이크〉- 저자 패트리샤 폴라코

책 〈글쓰는 딸들〉 - 저자 소피 카르캥

善英에게

No. 1.

希望과 낭만으로 부풀은 저 떠가는 뭉게구름을 英아 지금 보면서 무엇을 생각하고 있을까?
그리하여 끝없는 그리움이 무한히 일어났다가는 산산히 흩어 지려하는 허무함을 넌 지금 느끼고 있을까?
마음껏 손을 펴고 소리라도 질러보고 싶은 파아란 하늘에 나를 잊고 너에게로 向하는 생각때문에 무언가를 쥐어라도 보아야만 마음이 후련할것같아 수없이 난 펜을 들고 있는거야。
英아! 지난 일요일은 정말 즐거웠고, 무수한 체험속에서 이성을 찾았고, 서로의 눈동자에서 그리움과 사랑을 알았을때 온몸 가득히 행복을 느꼈지만, 우리가 헤어지는 순간엔 그만큼 이별해야하는 서글픔도 컸던거야?
넌 너혼자만을 두고 훌쩍 떠나버린 나를 무심하다고 서운해 하였겠지만 난 더괴로웠던거야.
우린 언제나 잠시 만났다가 헤어지고마는 쓰라림을 맛보아야만 하기 때문에 그리움에대한 번민과 고독은 더커지는거야。

영아에게

희망과 낭만으로 부풀은 저 떠가는 뭉게구름을 영은 지금 보면서 무엇을 생각하고 있을까?
그리하여 끝없는 그리움이 무한히 일어났다가는 산산히 흩어지려하는 허무함을 넌 지금 느끼고 있을까?
마음껏 손을 펴고 소리라도 질러보고 싶은 파아란 하늘에 나를 잊고 너에게로 향하는 상념 때문에 무언가를 적어라도 보아야만 마음이 후련할 것 같아 두서없이 난 펜을 들고 있는 거야.
영아! 저번 일요일은 정말 즐거웠고 무수한 시 속에서 이상을 찾았고 서로의 눈동자에서 그리움과 사랑을 알았을 때 온몸 가득히 행복을 느꼈지만 우리가 헤어지는 순간엔 그만큼 또 이별해야 하는 서글픔도 컸던 거야.
넌 너혼자만을 두고 훌쩍 떠나버린 나를 무심하다고 서운해 하였겠지만 난 더 괴로웠던거야.
우린 언제나 잠시 만났다가 헤어지고마는 쓰라림을 맛보아야만 하기 때문에 그리움에 대한 번민과 고독은 더 커지는 거야.

용서

그동안 "금기"라는 소재로 글을 쓰고 싶었다. 나에게 금기된 일들은 많았다. 여자이기 때문에 해서는 안 되는 일이 가장 많았고 학생, 엄마이기 때문에 할 수 없는 일은 타인에 의해 나의 한계를 짓는 것이었다. 금기된 모든 일을 폭로하는 것은 억울함을 풀고 싶은 마음일 것이다. 그러나 학습된 나는 스스로를 금기시키는 부분도 많다. 금기가 일상이 된 나의 마음 한 구석에는 분노한 억울함이라는 씨앗이 있다. 억울함을 어떻게 다루어야 하는지 몰라 만만한 상대를 만나면 비슷한 상황으로 누르기도 하고 편한 상대를 만나면 하소연하기도 했지만 대부분 참고 덮었다.

요즘 날이 좋아 퇴근할 때 창문을 열고 나간다. 창문에는 화분이 가득 있다. 출근해 보면 모두 달빛과 새벽 향기와 아침 바람을 받아 하룻밤 사이 몰라보게 예뻐져 있다. 새순이 핑크빛으로 올라온 싹을 본다. 나의 억울한 싹이 이렇게 예쁜 색이 될 수 없을까 생각해 본다. 나는 마지막 여행에서 엄마에게 용서의 말을 전했다. 내가 주어이다. 내가 엄마를 용서하겠다는 말이다. 그러나 억울한 싹은 모질고 무뚝뚝하고 건조하게 전했다. 여전히 아들을 편애하는 엄마에게 지쳐가고 둘에게 정식으로 사과를 받고 싶다는 마음이 가득한 나는 여행길에서 돌아와서 보니, 지금 4년의 시간이 흐른 후에 부드러운 싹으로 변했음을 알았다. 그날 그렇게 말을 꺼낸 자체가 벌써 나는 엄마를 용서한 것이고 묵묵히 듣고만 있는 엄마의 모습 또한 사과를 한 것이다. 그동안 엄마는 나에게 "사랑한다, 딸" 이라는 신호를 수없이 보냈다. 내가 받지 않았을 뿐이다. 갑자기 딸이라는 단어에 집착한 엄마였다. 내가 엄마를 바라보는 시간과 엄마가 나를 바라보는 시간 우린 엇갈렸다. 통과하는 시간이 달라 이제야 나는 엄마의 시간을 지나가고 있다. 억울함은 어떻게 사라지게 된 것일까? 누가 나의 마음을 다독였을까?

나는 예민하지만 예민함을 표현하지 않고 살았다. 표현하는 것도 금기였기 때문이다. 시키는 일을 무던하게 토 달지 않고 하는 행동이 미덕이라고 배웠다. 그런 칭찬에 길들여졌다. 그러나 서서히 예민함을 드러낼 수 있는 공간이 생겼다. 경제적 독립을 했고, 나와 닮은 딸을 보며 거울 속의 나를 느끼고, 나의 목소리를 들어주는 가족과 친구들이 곁에 있다. 글이라는 매체도 알게 되었다. 그러나 용서하지 못하는 나의 옹졸함에 내가 스스로 놀라는 자각은 그 무엇보다도 큰 울림이었다. 이러다 내가 나를 영원히 용서하지 못할 것 같았다. 모두 충분히 나의 이야기를 들어주었다. 이해 못해도 상관없다. 귀 기울여 주었으니 됐다. 엄마는 너를 위해서 용서하라는 짧은 말씀을 하셨다. 우리의 대화는 모든 것을 이미 알고 같은 시간으로 향하는 중이었나 보다. 아름답고 젊은 엄마 또한 어떻게 억울함을 풀어야 하는지 몰라 배운 대로 살았고 나를 통해 엄마를 보는 시간을 보내며 다시 나의 곁으로 다가왔을 것이다. 그리고 늘 억울하다고 징징대는 나를 보며 아파했을 것이다. 그 마음이 애달파서 아프다. 부드러운 엄마의 품이 유독 그리운 봄이다.

내주위엔 언제나 봄이 봄이라는것을 알기때문에 항상 나는
너와의 추억과 꿈을 그려보며 근무는 고사하고 이리저리
방황하는 마음을 잡아주느라고 노력하다보면 어느덧 하루해가 지고
피로해진 몸은 잠자리에 들고 있는것이 보통이야.
봄아도 지나간 일주일동안 잘지냈어? 뭐. 심심했다구.
나도 무사히 부대에 도착했지만 예기않하고 갔다고 조금
꾸지람을 들었어! 그래도 괜찮아! 너를 만나고 온길이니까.
너: 지금 뭐라그랬어. 새롱이라고 놀렸지? 좋아 어디보자!
참. 그리고부모님은 안녕하셨나! 그리고 나도 빨리 안으로 가
보름간 휴가갈거야. 김선생님보고 안부 전하면서 김인수하사는
일년에 가지않았다고 예기좀 해줘. 직접 쓰다보지는 못했다고
함께 예기해라! 명령하고 있다고, 아니야. 그럼 사과할께.
왠지 마음이 홀가분하지를 않으니까 도무지 글이 쓰이지를
않는구나. 이해해주기를 바라고, 또 28일에 꼭 쓰다자. 응
그때 기다릴께. 그럼 안녕 —.

내 주위엔 언제나 영아뿐이란 것을 알기 때문에 항상 나는 너와의 시와 꿈을 그려보며 근무는 고사하고 이리저리 방황하는 마음을 잡아두느라고 노력하다보면 어느덧 하루해가 지고 피로해진 몸은 잠자리에 들고 있는 것이 보통이야.
영아도 지나간 일주일동안 잘 지냈어? 뭐 심심했다구. 나도 무사히 부대에 도착했지만 얘기 안하고 갔다고 조금 꾸지람을 들었어. 그래도 괜찮아. 너를 만나고 온 길이니까.
너, 지금 뭐라 그랬어. 쌤통이라고 놀렸지. 좋아 어디보자.
참, 고모부님은 입원하셨나? 그리고 나도 몇 일안으로 약 보름간 휴가갈거야. 김선생님 보고 안부 전하면서 김인수 하사는 월남에 가지 않았다고 얘기 좀 해줘. 직접 만나보지는 못했다고 함께 얘기해라. 명령하고 있다고? 아니야. 그럼 사과할게.왠지 마음이 홀가분하지는 않으니까 도무지 글이 쓰이지를 않는구나.이해해지기를 바라고 28일에 꼭 만나자, 응
그래 기다릴게.
그럼 안녕

삼씨

로맨티시스트 아빠는 엄마한테만 잘한 것이 아니고 모든 사람들에게 다정하셨고 사람을 좋아해서 술을 참 많이 마셨다. 다음 날 엄마는 마른 북어 한 마리를 막대로 두드리며 에고 내가 못살아 리듬을 곁들였다. 덕분에 어릴 적 북엇국을 많이 먹었다. 오늘은 북엇국을 많이 먹게 해 준 아빠가 생각났다.

내가 14살이 되는 생일날 아빠에게 편지를 받았다. 손수 쓴 편지에는 여자가 가져야 할 삼씨에 대한 이야기가 있었다. 맵씨, 솜씨, 맘씨 세 가지. 여자는 자신을 늘 가꾸고 행동도 맵씨가 있어야 하고, 여자는 요리나 손으로 하는 일에 솜씨가 있어야 하고, 마지막으로 제일 중요한, 사람들에게 행복을 주고 따뜻한 맘씨를 가져야 한다는 것이다. 14살 아이는 무척 어렵고 생소한 요구에 나름 반항심이 끓어올랐지만 손수 쓴 편지와 아빠의 눈빛에 감동하여 지키기 어렵다는 말은 안했다. 나에게는 현모양처로 살아야 한다는 무의식이 있는데 그 원인은 바로 저 편지이다. 엄마에게 아들 딸 차별을 받아 분명 페미니스트 기질도 있으면서 한 쪽에는 지워지지 않는 저 편지 때문에 삼씨를 가지려고 노력한 것 같다. 문뜩 여자가 갖추어야 할 삼씨가 아닌 인간이 갖추어야 할 삼씨가 아닌가 생각이 든다. 자신의 개성을 표현하는 일은 중요하다, 맵씨이다. 하나라도 잘하는 것이 바로 재능 아닌가, 솜씨이다. 그리고 같이 더불어 사는 사회에서 인성이 중요하다, 맘씨이다.

나는 부모님에게 유산 한 장을 받은 것이 아니라 그들의 목소리와 행동을 통해 유산을 먹고 자란 것 같다. 머리가 기억하는 유산이다. 그리고 제일 좋은 것은 내가 행동으로 옮기는 유산일 것 같다.

英아에게.

지난번의 그일에대해서 자기에게 진심으로 사과드립니다.
그렇게까지 英아가 화를 내며 돌아가버릴줄은 몰랐으니까!
요즈음은 나도모르게 전에없던 신경질적인 감정이 자주
튀어 나오는군. 신경이 예민해진 탓인지도 모르지만
그날 일요일에도 나는 아침부터 자기를 기다렸는데
늦게 왔고, 그리고 무어가 하고싶었던 얘기들도
있고해서 어디서 조용히 같이 있으려 했는데
영화나 보자고 그러니 왠지 내자신의 감정을
억누를수가 없었읍니다. 그때 그기분은 사랑하는 여자도
어떤 친구들과 마찬가지로, 그저 만나서 구경이나
하며 時間을 보내다가 헤어지는 무의미한것에 지나지
않다하는 안타까움에 나는 실망을 했읍니다.
사랑이란 끊임없는 정신적인 결합의 노력이며 그리하여
마음과 마음, 생각과 생각이 일치해서 둘이는
아무런 다른 감정은 마음에도 두지않고 그저 어느

영아에게

지난 번의 그 일에 대해서 자기에게 진심으로 사과드립니다. 그렇게까지 영아가 화를 내며 돌아가버릴줄은 몰랐으니까. 요즈음은 나도 모르게 전에 없던 신경질적인 감정이 자주 튀어 나오는군.

신경이 예민해진 탓인지도 모르지만 그날 일요일에도 나는 아침부터 자기를 기다렸는데 늦게 왔고 그리고 무언가 하고 싶었던 얘기들도 있고 해서 어디서 조용히 같이 있으려 했는데 영화만 보자고 그러니 왠지 내 자신의 감정을 억누를 수가 없었습니다.

그때 그 기분은 사랑하는 여자도 어떤 친구들과 마찬가지로 그저 만나서 구경이나 하며 시간을 보내다가 헤어지는 무의미한 것에 지나지 않나 하는 안타까움에 나는 실망을 했습니다.

사랑이란 끊임없는 정신적인 결합의 노력이며 그리하여 마음과 마음, 생각과 생각이 일치해서 둘이는 아무런 다른 감정은 염두에도 두지 않고 그저 어느 감상과 신의의 세계로 들어가는 아름다운 것으로 생각하고

남한산성에서

남편과 남한산성을 걸었다. 9월은 강렬한 수증기 흠뻑 담은 햇살을 등에 지고 흙 낙엽 흉내 내는 바람을 손수건 삼아 걷는 맛이 있다. 한껏 게으를 수 있었던 시간을 지나가는 문에 들어왔다. 땀과 함께 늘어난 체중을 덜어낼 발걸음은 바쁘다. 소금기 적은 땀방울이 달콤한 돌배나무를 지나가며 군침을 삼킨다. 연두를 지나 초록으로 성장한 나무들은 다시 그들 본연의 색깔을 찾는 중이다. 벌써 결실을 맺은 친구도 있고 아직은 더 버티는 친구도 있다. 필터를 낀 빛줄기에 이맛살이 펴진다. 이제는 눈이 부시지 않다. 남편과 손을 잡기도 편한 온도다. 발걸음을 맞추며 인생도 어긋났다가 다시 돌아옴을 느낀다. 시리던 등이 조금 따뜻해졌다는 감사의 말을 전하며 물기 묻은 귀가 무안해 외면한다. 그래도 소리가 진동한다. 피가 흐르고 다시 등이 따뜻해진다. 나에게 등은 고통의 긴 터널이며 슬픔의 자국이었다. 어느새 몇 해 지난 가을이라고 놀라듯이 나에게도 변화가 왔다.

다람쥐는 망각의 동물이다. 그 덕분에 숲은 도토리를 키울 수 있었다. 망각의 강을 건너는 동안 숨을 깊게 쉰 덕분에, 옆에 같이 있어준 이들과 함께 무사히 건너는 중인가 보다. 바스락 소리가 느껴지면 다시 아플까? 아직은 축축한 흙이 감사할 뿐이다. 졸졸 흐르는 물소리가 크지 않아 감사하고 제 흥에 노래 부르는 풀벌레에게도 감사하다.

그렇게 해보려고 했으나 그것은 역시 나만의 오산 이었나 봅니다. 내가 서울에 가면 올 때가 됐으니 오나 보다 그리고 부대로 돌아가면 갈 때가 됐으니 가려나 봐 하는 식의 주의 끼친과 나자신의 마음과 신상에는 별로 관심없이 생활하는 방법 또는 - 집안의 일들에 열중하는 무관심한 태도를 버리고 앞으로 당분간 우리들 간의 생각과 마음의 결합 등에 그리고 사랑을 키우도록 노력 해보는 것이 어떨는지 하는 생각입니다.

물론 현대 생활을 하고 있는 우리에겐 순전 불로 사랑이 밥을 먹여주는 것도 아니고 앞으로 어떻게 하면 잘살 수 있는가 하는 것이 아주 중요한 일이라는 것은 잘 알고 있읍니다. 그러나 아무리 현대생활이지만 그것이 꼭 돈을 벌고 잘살고 하는 것만이 전부라고 볼 수는 없다고 생각됩니다! 왜 잘살고 있는 사람들이 가정생활에 실패하고 이혼을 하는 율이 높은지는 봐도 잘 알 것입니다. 역시 모든 것의 근본적인 문제는 그 사람이 가정에 얼마나 마음을 쓰고 있으며,

그렇게 해보려고 했으나 그것은 역시 나만의 오산이었나 봅니다. 내가 서울에 가면 올 때가 됐으니 오나보다 그리고 부대로 돌아가면 갈 때가 됐으니 가는가 보다 하는 식의 무의미함과 나 자신의 마음과 신상에는 별로 관심없이 생활하는 방법 또는 집안의 일들에 열중하는 무관심한 태도를 버리고 앞으로 당분간 우리 둘만의 생각과 마음의 결합 등에 그리고 사랑을 키우도록 노력해보는 것이 어떨는지 하는 생각입니다.

물론 현대 생활을 하고 있는 우리에겐 속된 말로 사랑이 밥을 먹여주는 것도 아니고 앞으로 어떻게 하면 잘 살 수 있는가 라는 것이 아주 중요한 일이라는 것은 잘 알고 있습니다. 그러나 아무리 현대 생활이지만 그것이 즉 돈을 벌고 잘 살고 하는 것만이 전부라고 볼 수는 없다고 생각됩니다. 왜 잘 살고 있는 사람들이 가정 생활에 실패하고 이혼을 하는 율이 많은지는 영아도 잘 알 것입니다. 역시 모든 것의 근본적인 문제는 그 사람이 가정에 얼마나 마음을 쓰고 있으며 둘이서 사랑을 하도록 노력을 하는가에 달려 있지 않습니까?

엄마를 업다

폭염이 며칠 가는 한여름에도 등이 시려 견딜 수가 없던 나였는데 이제 등이 시리지 않다. 여전히 조끼들을 입고 겨울을 나고 있지만 지금 등이 시리지 않다. 겨우 4년밖에 흐르지 않았는데 변화가 찾아오다니 내 자신이 가증스럽게 느껴지기도 하고 흔히 말하는 애도의 시간을 잘 견디고 있나 싶기도 하고 엄마가 잘 떠나고 있는 중인가 안심이 되기도 하다. 여전히 아픔은 남았지만 작은 변화가 온 듯하다.

그리고 4년이 지난 지금 다시 〈All is true〉 영화를 보았다. 이번에는 셰익스피어의 죽은 아들이 눈에 들어온다. 그는 말한다. 이제 나의 이야기는 완성이 되었다고. 이제 쉴 수가 있다며 떠난다. 아들이 어떻게 죽게 되었는지 진실을 알게 된 아버지, 진실을 숨기고 산 자들을 위한 선택을 한 어머니, 진실을 가슴에 안고 늘 죄책감으로 살 수밖에 없었던 누나들 모두 각자의 이야기 속의 진실을 가지고 있다. 서로를 사랑하는 마음이 바탕에 있었기에 그들의 이야기는 모두 진실이다. 각자의 몫을 살고 서로의 손을 잡아주는 가족이 있어 우리는 살 수 있나 보다.

나는 엄마를 4년 동안 업고 있었나 보다. 박서영의 〈업어준다는 것〉 시처럼 나는 엄마의 숨결을 듣고 엄마의 울음을 나의 몸으로 받아들이며 업고 지냈나 보다. 처음으로 입장이 바뀌어 엄마를 업어준 나는 엄마의 진심을 처음으로 듣고 뒤돌아 엄마와 눈을 맞추고 나와 함께한 엄마의 인생을 정리해주고 있었나 보다. 아니 엄마와 함께 한 나의 인생을 정리하고 있었나 보다. 그 과정은 숨 쉬기 힘든 고통과 아쉬움 가득한 비통의 시간이었다. 수많은 인연들로 엮인 엄마의 보따리는 무겁고 애잔했다. 그래서 시렸나 보다. 지금 엄마의 보따리가 조금 가벼워진 이유는 나의 슬픔을 지켜봐 준 수많은 고마운 산 자와 죽은 자들의 은혜, 세상의 모든 음악, 글, 자연, 동물들 덕분이었다. 이것이 더 이상 등이 시리지 않은 이유인가 보다 생각해 본다.

영화 〈All is true〉 - 감독 케네스 브래너

시 〈업어준다는 것〉- 저자 박서영

이제 그 얘기는 그만둡시다.
나도 지난 일주일은 그렇게 헤어지고 온 후
무척 고심했고 불안했었읍니다. 꽃아도 마찬가지
일것입니다. 가만히 생각해 보았읍니다. 꽃아는 지금
무척 괴로워하겠지 ; 하고 말입니다. 정말 미안합니다.
나는 진심으로 꽃아를 아껴주고 싶고 사랑하고 있으며
꽃아가 승락한다면 꼭 결혼까지 할것입니다.
남산에서 했던 얘기들은 거짓이 아니니까요.
앞으로 물론 아시간부터는 나도 생활에 대한
일들에 마음을 돌리려고 노력해서 더이상의
고민을 안하려고 하는 중입니다. [redacted]
여하튼 이제 글을 놓겠읍니다.
아직도 성하지 못한 몸을 잘 보살피며 안녕히
계시기를 —.

67. 8. 19.
병철 오빠.

이제 그 얘기는 그만 둡시다.

나도 지난 일주일은 그렇게 헤어지고 온 후 무척 고심했고 불안했었습니다. 영아도 마찬가지일 것입니다.

가만히 생각해보았습니다.

영아는 지금 무척 괴로워하겠지 하고 말입니다. 정말 미안합니다.

나는 진심으로 영아를 아껴주고 싶고 사랑하고 있으며 영아가 승낙한다면 꼭 결혼까지 할 것입니다.

남산에서 했던 얘기들은 거짓이 아니니까요.

앞으로 물론 이 시간부터는 나도 생활에 대한 일들에 마음을 돌리려고 노력해서 더 이상의 고민을 않으려고 하는 중입니다.

여하튼 이제 펜을 놓겠습니다.

아직도 성하지 못한 몸을 잘 보살피며 안녕히 계시기를.

우리들의 유산

"얘들아, 이거 읽어 볼래, 할아버지가 할머니에게 쓴 연애편지야"

딸과 아들의 두 눈이 동그래진다. 박물관에서나 볼 수 있는 군사우편이 찍힌 빛바랜 누런 편지지는 그 자체로 놀라운 호기심을 자아낸다. 어떻게 이 편지지가 보관이 되었는지 이야기해준다. 엄마는 자식들이 성인이 되면 보여주려고 간직했다. 나는 막상 성인이 되어서 읽지 않았다. 편지가 있다는 것은 잊지 않고 있었다. 세상의 모든 부부가 그렇듯이 엄마 아빠의 연애도 사진을 보며 평범한 상상만 했다. 내 옆에 있는 엄마 아빠의 모습에 익숙한 나는 사진 속의 연인들에 대해 공감이 되지 않았나 보다. 편지를 읽으면서 그 시대로 돌아가 지금의 나보다 더 젊은 엄마 아빠를 만나는 생생한 느낌이 들었다. 그리고 한 세대 건너 또 나의 자식들이 읽는 시간이 낯설고 신비롭게 느껴졌다. 나의 몸에 배어 있는 아빠의 성격은 편지에 묻어있어 거울을 보는 듯했다. 우리에게 심어준 가치관은 젊은 20살의 아빠의 철학이었다. 개명을 하고 싶을 정도로 삶이 힘들었던 엄마의 20살 모습은 순수한 백합과도 같았다. 한 남자를 믿고, 한 여자를 사랑한 그들은 이렇게 우리에게 수많은 유산을 남겨주고 나에게 다시 소중한 인연과 연결을 만들어 주었다.

딸은 할아버지와 같은 인생을 살고 싶다고 한다. 딸은 무엇을 느낀 것일까. 또 아들은 엄마를 이해하는데 도움이 되었다고 말한다. 내가 아직 태어나지도 않은 시기인데 아들은 나에게 남겨진 유산을 읽은 모양이다. 나는 편지를 통해 아들과 딸을 바라보는 계기가 되었다. 아이들은 슬픔과 비통으로 가득 차 있는 엄마를 4년 동안 지켜봐 주었다. 나는 잠시 잊었다. 나와 엄마만 생각하느라. 이제 엄마와 아빠가 나에게 남긴 유산을 행동으로 옮겨야 할 때임을 느낀다. 잊혀지지 않게 찬찬히 스며들게 해야 한다. 좋은 추억도, 나락으로 떨어뜨릴 실수도 모두 나의 것이기에 나는 그대로 감당해야 할 것이다. 과거를 기억함으로써 나는 앞으로 나아갈 힘을 얻는다. 그리고 꽃을 보며 살 것이다. 꽃이 시들까 미래를 걱정하는 삶 말고 꽃이 참 이쁘구나 감탄하는 지금을 살 것이다. 나에게 주어진 시간은 누구의 인생과 같이 산 결과이므로 감사하다.

우리들의 유산을 잊지 않을 것이다.

딸아 기록해 줄래

글 그림 권홍지현

펴낸 곳 하루달 출판사

주소 경기도 구리시 동구릉로 103번길 61,
106동 1703호

메일 haechi0808@naver.com

브런치 하루달

인스타 haroodal_cpy

초판 2023년 4월 10일

ISBN 979-11-979861-1-6